KB081410

12
AND A HALF

부와 성공을 부르는 12가지 원칙

TWELVE AND A HALF :

Leveraging the Emotional Ingredients Necessary for Business Success

Copyright © 2021 by Gary Vaynerchuk

Published by arrangement with Harper Business,
an imprint of HarperCollins Publishers.
All rights reserved.

Korean translation copyrights © 2021 by BLUE BOOKS MEDIA
Korean translation rights arranged with
HarperCollins Publishers through EYA(Eric Yang Agency).

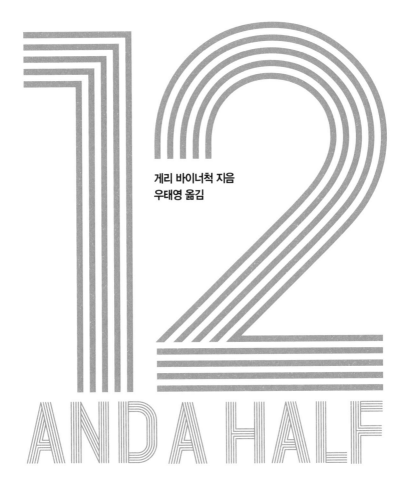

게리 바이너척 지음
우태영 옮김

12

AND A HALF

부와 성공을 부르는 12가지 원칙

당신의 인생을 바꿔 줄 35가지 조언

천그루숲

가장 먼저 한국의 독자 여러분께 너무나 감사하다는 말씀을 전하고 싶습니다. 2022년 새해를 맞이하며 저의 여섯 번째 책《Twelve and a Half》를 한국에 소개할 수 있게 되어 너무 기쁩니다.

감성지능EQ은 저의 비즈니스 성공의 기반일 뿐만 아니라 일상 속의 행복에 큰 역할을 하기 때문에 너무나도 중요하다고 믿고 있습니다. 하지만 사람들이 가끔 자기인식, 호기심, 그리고 감사함 같은 '소프트 스킬'의 중요성을 제대로 이해하지 못하는 모습을 볼 때는 안타까운 마음이 듭니다. 이런 원칙들은 숫자로 표현할 수 없고, 분석적으로 접근한다면 어떻게 더 발전시켜야 할지 혹은 발전시키려는 노력 자체가 왜 중요한지 이해하기 어려울 수도 있습니다.

그래서 저는 이 책에서 저에게 성공과 행복을 가져다 준 12가지와

1/2의 원칙들을 소개하고자 합니다. 여러분은 Part 1 '부와 성공을 부르는 12가지 원칙'과 Part 2 '당신의 인생을 바꿔 줄 35가지 조언'을 통해 스스로 이 원칙들을 발전시킬 수 있는 방법, 그리고 우리 모두가 일상에서 겪을 수 있는 다양한 상황 속에서 이 원칙들을 어떻게 잘 활용할 수 있는지 알게 되실 겁니다.

이 책은 비즈니스에 대한 책이지만, 이 원칙들을 발전시켜 나가면 비즈니스를 넘어 더 행복하고 즐겁고 만족스러운 삶을 살 수 있을 것입니다.

저의 책이 한국의 독자 분들에게 큰 도움이 되기를 바라며, 하루빨리 한국에 방문하여 독자 여러분과 직접 만나기를 기대합니다.

게리 바이너척 Gary Vaynerchuk

내가 게리 바이너척을 처음 접한 건 유튜브 광고에서였다. 대학생이었던 2016년 어느 날, 기숙사 방에 앉아 유튜브 영상을 보다 어김없이 나오는 광고에 자연스럽게 '광고 건너뛰기' 버튼 쪽으로 마우스를 움직였다. 그런데 이번 광고는 무언가 느낌이 달랐다. 화려한 배경색의 상품 광고가 아닌, 어느 대학 강의실에서 한 남자가 이야기를 시작했다. 그리고 그의 첫 마디가 나의 인생을 완전히 바꿔버렸다.

"나는 '사업가 정신'은 절대로 교육을 통해 가르칠 수 없다고 생각합니다."

그는 청바지와 후드티를 입고 (적절한) 욕설을 섞어 가며 대학생들 앞에서 "너네가 배우려고 등록한 이 주제는 절대 교실에서 배울 수 없는 주제야"라고 직설적으로 말하고 있었다. 창업에 대한 꿈을 품고 비즈니스 관련 수업을 수강하고 있던 나는 그의 강의에 눈을 뗄 수가 없었다. 이 남자는 미국에서 가장 유명한 대학 중 하나인 USC에서 창업과 관련된 특강을 하고 있었다. 그런데 이런 말로 강연을 시작하다니! 마우스에서 손을 떼고, 45분짜리 그의 강의 영상을 그 자리에서 한 번에 시청했다. 그리고 그때부터 나는 게리 바이너척의 열렬한 팬이 되었다.

게리는 성공한 사업가였다. 아버지가 운영하시던 동네 와인 가게 '와인라이브러리Wine Library'를 연 매출 600억 원의 미국 최대 규모 온라인 와인 브랜드로 키웠고, 직접 창업한 '베이너미디어VaynerMedia'라는 디지털 에이전시는 정직원 900명이 넘는 연 매출 2,000억 원의 기업으로 키웠다.

게리는 또한 화려한 포트폴리오를 가진 투자자였다. 무려 페이스북, 트위터, 우버, 스냅챗, 그리고 코인베이스의 초기 투자자였다. 그의 개인 자산가치는 1,700억 원이 넘는다. 그리고 그가 쓴 5권의 책은 모두 〈뉴욕타임스〉 베스트셀러에 올랐다.

게리는 자신의 유튜브 채널, 인스타그램, 트위터 같은 플랫폼에 돈을 버는 전략이나 투자를 잘하는 방법에 대해 올리지 않는다. 그는 여러 가지 SNS 플랫폼 활용법과 퍼스널 브랜드를 키우는 현실적인 방법에 대해 공유하는데, 이때 그가 꾸준히 그리고 가장 많이 언급하는 두 단어는 '자기인식self-awareness'과 '인내심patience'이다. 그는 본인이 어떤 사람인지 파악하는 게 가장 중요하고, 커리어와 관련된 선택을 할 때에는 돈과 명예보다 행복을 더 중요하게 여기고, 단기간의 결과에 목숨 걸지 말고 장기적인 목표를 두고 차근차근 다가가는 것이 중요하다고 강조했다. 그리고 6년이 지난 지금까지 그의 이야기는 변하지 않았다.

　게리를 한국에 알리고 싶다는 마음에 나는 당시 미국에서 출간 예정이었던 《크러싱 잇! SNS로 부자가 된 사람들》의 한국어판 출간을 하고 싶다고 저자인 게리에게 직접 연락했다. 출판 관련 경력도 지식도 없던 나에게 게리 바이너척은 새로운 도전의 기회를 주었고, 더 넓은 세상을 보게 해주었다.

　2019년 4월, 나의 1인 출판사의 첫 책인《크러싱 잇! SNS로 부자가 된 사람들》의 한국어판이 출간되었고, 나는 그 후에도 우리나라에 소개하고 싶은 〈뉴욕타임스〉 베스트셀러를 매년 출간해 왔다. 첫 책을 출간하고 나는 그의 뉴욕 사무실에서 그를 만나 한국에 대한 이야기를 나눌 수 있었는데, 그는 놀라울 정도로 우리나라와 우리 문화에 대해 많은 관심을 가지고 있었다.

　게리는 직설적이고, 현실적이며, 그 누구보다 진실된 사람이다. 그리고 그는 '사업가'라는 단어가 가장 잘 어울리는 사람이다. 전 세계 3,400만 명이 그를 SNS에서 팔로우하고, 비즈니스 세계뿐만 아니라 연예계, 스포츠, 그리고 미디어 업계에서도 그를 주목하고 있다. 그 이유는 그가 대중의 관심을 어떻게 끌고 활용할 수 있는지 전 세계에서 가장 잘 아는 인물이어서이다. 그리고 더 중요한 것은, 그가 공감empathy, 친절kindness, 그리고 감사gratitude 같은 단어들을 꾸준히 강조하면서 진정성 있고 선한 사람들이 승리할 수 있는 세상을 만들어 가고 있기 때문이다.

이 책은 우리들이 인생을 살아가면서 겪게 되는 다양한 상황 속에서 자신에게 가장 도움이 되는 마음가짐을 알려주는, 그리고 꾸준히 돌이켜 봐야 할 내용들을 담고 있다. 이 책에서 소개하는 12가지 원칙은 외부에서 배워서 가져와야 하는 것이 아닌, 우리 모두가 내면에 가지고 있고 언제든 활용할 수 있는 사고방식이다. 이 원칙들과 이를 활용할 수 있는 시나리오들을 곱씹어 보면, 당장 내 인생에서도 적용할 수 있는 다양한 조언들을 얻을 수 있을 것이다.

이 책을 통해 독자 분들이 자신의 삶과 커리어 둘 다 발전시키며 진정한 행복을 느끼는 인생을 살아가길 진심으로 바란다.

우태영

차
례

Part 1

부와 성공을 부르는 12가지 원칙

Part 2

◇

당신의 인생을 바꿔 줄 35가지 조언

성공의 밑받침이 되어준 것들

몇 년 전, 나는 매우 중요한 클라이언트와 다시 떠올리기도 싫을 정도로 힘든 대화를 나누었던 기억이 있다. 디지털 미디어 에이전시인 베이너미디어 VaynerMedia의 CEO로서 내가 만난 그녀는 우리의 중요한 고객사의 임원이었다. 그녀는 직접 만나서 이야기하고 싶다며 연락을 해왔다. 미팅의 이유는 분명했다.

그날 오전 우리 회사의 한 신입사원이 자신의 개인 트위터 계정이라고 착각하여 고객사의 공식 트위터 계정에 다른 에이전시에 대한 부정적인 글을 올린 것이다. 마치 그 회사가 다른 에이전시의 실력을 비하하는 듯한 발언을 공개적으로 한 것처럼 보였다.

미팅은 몇 분 만에 끝났다. 그 임원은 나에게 다시는 이런 일이 일어나지 않도록 적절한 조치를 취해 달라고 당부했다. 그러면서 단호하게 "우리 회사와 앞으로도 계속 일할 수 있는 유일한 방법은 그 글을 올린 직원이 해고되는 것"이라고 요구했다. 나는 0.01초도 고민하지 않고 대답했다.

"그건 좀 어려울 것 같네요."

CEO로서 지금의 상황에 책임이 있다는 건 알았지만 어디까지나 이 일은 나의 사업이고 우리 직원에 관한 일이었다. 아무리 중요한 고객이라지만 타사 임원의 말 한마디에 내 직원을 해고시킬 순 없었다. 물론 그녀에겐 우리와의 거래를 중단시킬 수 있는 힘이 있었지만 어쩔 수 없는 일이었다.

나의 거절에 그녀는 놀라움을 숨기지 않았다. 상대는 우리 회사 매출의 30%나 차지하는 브랜드였으므로 어쩌면 당연한 반응이었다.

다행히 당시 나는 일 년 정도 수익이 나지 않더라도 회사를 운영할 수 있는 여유가 있다는 걸 알고 있었고, 자금이 급히 필요하면 내가 모아둔 돈으로 메울 생각이었다. 하지만 나로서도 쉽지 않은 결정이 필요한 일이었다.

이 폭풍을 정면으로 견뎌낸다면, 우리 회사의 소중한 문화와 가치를 직원들에게 제대로 각인시킬 수 있는 좋은 기회였다. 그날 그 클라이언트와의 만남은 지금 나와 우리 조직에 무엇이 가장 중요한지 생각할 수 있게 해준 소중한 순간이었다.

다음 날 나는 그녀에게 연락해 내 입장을 분명히 밝혔다. 다행히도 그녀는 전날의 격앙됐던 반응과는 달리 요구를 접고 우리와 계속 함께하기로 했다.

내가 이 경험을 이야기하는 이유는 하나다. 현대 사회가 정의하는 '현명한 비즈니스 결정'이 너무 이성적 분석에 지나치게 의존하고 있다는 것이다. 대부분의 비즈니스 리더들은 흑과 백이라는 틀 속에서 안전한 의사결정을 내리려는 경향이 있다. 그리고 보여지는 것을 먼저 우선시하는 것 같다.

◆

　　　　나는 이 책에서 공감이나 친절을 비롯해 성공적인 비즈니스와 인생을 위해 꼭 필요한 12가지 원칙들을 소개하려고 한다(그 외 반쪽이 더 있다).

사업과 언뜻 큰 상관이 없는 것 같지만 한 달, 두 달 그리고 1년, 2년 등 시간이 지날수록 이 12가지 원칙들은 당신의 성장에 더욱 기여하게 되고 결과는 빛을 발할 것이다. 어떤 효과일지 처음엔 가늠하기 어렵겠지만, 시간이 지나면서 점차 그 모습을 드러낼 것이다.

우선 개인과 조직 안에 내재되어 있는 두려움을 없애는 것이 급선무다. 의심과 두려움이 사라지고 믿음이 싹트기 시작하는 순간부터 믿을 수 없을 정도로 멋진 일들이 일어나기 시작한다. 지나친 경쟁에 의한 파벌과 사내정치가 없어지면 조직 구성원들의 능력은 더욱 빛을 발하고 목표는 더 빨리 달성될 것이다.

◆

        사업을 진행함에 있어서 중요한 업무는 대부분(특히 대기업의 경우) 3개월, 즉 90일 단위로 계획과 목표가 설정된다. 이는 회사의 결산과 사업보고서 신고가 분기별로 실적 평가를 받는 환경에서 비롯된 것이다. 이로 인해 향후 5년, 10년, 20년 심지어 50년 이상의 장기적인 사업을 계획하고 있음에도 단기적인 의사결정으로 이어지게 된다.

    이러한 환경에서는 '감성지능'이 필수요소가 아닌 '있으면 좋은 것' 정도로 가볍게 받아들여질 수 있다. 예를 들어 한 직원이 최고의 매출을 올렸다는 이유만으로 오만해져서 다른 동료들을 무시하는 경우 리더들은 그런 모습을 목격하고도 대부분 눈을 감는다. 실적이 가장 중요하다고 생각하다 보니 구성원의 명백한 잘못과 부족한 공감능력, 감성지능을 어쩔 수 없는 것이라 여기고 그냥 지나치는 것이다.

    내가 사업을 시작했던 1990년대 후반의 비즈니스 세계는 이런 흑백 논리로 가득했다. 당시에는 감성적인 능력인 '소프트 스킬'이 사업에 크게 도움이 되지 않는다고 생각했다. 주류 비즈니스 사회에서 이런 특징들이 강조되는 것을 나는 한 번도 들은 기억이 없다. 비즈니스는 강자만이 살아남는, 피도 눈물도 없는 세계로 보였다.

    아이러니하게도 나 또한 강한 자들이 살아남는다고 믿고 있다. 하지만 한편으로 나는 '인간성'이 성공의 큰 요소라고 생각한다. 예를 들어 직책이 높더라도 의견이 다르다고 소리 지르지 않고 고압적인 태도를 보이지 않는, 누구에게나 웃으며 친절한 사람이 진정한 강자라고 생각한다.

이 책에서 내가 제시하고 있는 '부와 성공을 위한 12가지 원칙'은 바로 나의 성공에 밑받침이 되어준 것들이다. 내가 사랑하고 존경하는 이들을 관찰하며 배운 감사, 자기인식, 책임감, 긍정, 공감, 친절함, 끈기, 호기심, 인내심, 확신, 겸손, 그리고 야망이 그것이다(나머지 '1/2'이 무엇을 뜻하는지는 잠시 후 설명하겠다).

성과와 결과도 중요하지만, 이렇게 중요한 소프트 스킬들을 먼저 익혀야 성장이 가능하다고 나는 생각한다. 익히고 난 후 따라와도 충분하다.

그 외 수십 가지 다른 중요한 요소들도 있겠지만, 나는 오랜 관찰과 경험을 통해 이 12가지의 원칙들이 가장 중요하다는 결론을 얻었다. 일터는 물론 버스나 지하철 안, 식당 등 우리 삶의 현장에서 직접 관찰하고 경험한 것들이다.

◆

이 책에는 내가 SNS에서 할 수 없었던 이야기를 담았다. 너무 단편화된 나의 소통 스타일 때문인지 오해도 적잖이 받아왔다. '겸손함'이 내 성공의 가장 큰 요소라고 아무리 강조해도, 1분짜리 동영상을 통해 나를 접한 사람이라면 '너무 잘난 척한다'는 느낌을 받았을 수도 있었을 것이다. 하지만 다행히 이 책을 통해 나의 삶과 비즈니스 현장에서 깨달은 소중한 것들을 독자 분들에게 있는 그대로 잘 전달할 수 있을 것이라 믿는다.

나는 이 책의 Part 1에서 부와 성공을 위한 12가지 원칙들을 이야기할 것이다. 인생에서 내가 선택한 '사업'의 비중은 매우 크지만 너무 큰 의미를 부여하지 않고 자유로울 수 있다면 그보다 더 좋은 일도 없을 것이다.

비즈니스에 너무 초점을 두고 올인하는 것보다는, 삶을 중시하고 두루두루 다방면에 관심을 가지게 되면 어느 순간 사업이라는 게임이 훨씬 더 쉽고 즐거워질 것이다. 돈이나 주식, 성장이나 발전보다 행복에 더 주안점을 두면, 지금 내가 하는 일이 더 소중해지고 얼마든지 지속가능한 것이 된다. 성공한 사업가나 기업의 임원들이 자주 번아웃(burnout : 한 가지 일에 지나치게 몰두해서 극도의 피로감과 함께 무기력증, 자기혐오 등에 빠지는 증상)으로 나가떨어지는 원인도 이 사실과 관련이 깊지 않을까?

Part 2에서는 우리가 현장에서 언제든 만나게 되는 선택의 순간에 필요한 해결책을 이 12가지 원칙과 연결해 풀어볼 것이다. 12가지 요소 하나하나를 이해하는 것은 출발점에 불과하고, 어떻게 이 재료들로 요리를 할 것인지가 더욱 중요하다. 머리로는 잘 이해했다 하더라도 현실에 적용하고 활용할 줄 모르면 아무 의미가 없다. 모쪼록 이 다양한 재료들을 능숙하게 요리할 줄 아는 셰프가 되어야 한다.

살다 보면 맥도날드 햄버거를 먹게 되는 날도 있다. 하지만 세계적으로 유명한 채식주의자 25인을 위한 식사 테이블에 그 누구도 빅맥을 내놓지는 않을 것이다. 어떤 요리든 상황에 맞게 만들어져야 하고, 이 12가지 요소는 다양한 비즈니스 상황에 따라 다르게 혼합되어 사용해야 한다. 이것이 지금껏 견지하고 있는 나의 사업방식이다.

◆

삶에서 가장 중요한 것은, 12가지 원칙을 발전시켜 내 것으로 만들 때까지 가져야 할 스스로에 대한 '믿음'과 '인내심'이다. 시간이 부족하다고 생각하여 무언가에 늘 쫓기는 사람일수록 마음이 급해지고, 좋지 않은 결정을 내릴 확률이 높아진다. 넷플릭스의 최고 인기 드라마 〈퀸스 갬빗〉을 보면 경기 막바지에 타이머가 줄어들수록 체스 선수들이 눈에 띄게 초조해하는 모습을 볼 수 있다. 세계 최고 실력의 체스 선수들이라 해도 시간을 의식하게 되는 그 순간 조급함이 몸짓과 표정에서 여실히 드러나고 만다.

자신의 시간을 잘 운용하고 만족하는 사람은 생각보다 많지 않다. 사업가들 중에도 그 부분에 취약한 사람이 많다. 늘 시간에 쫓긴다고 느낀다. 그런데 그것은 시간을 제대로 이해하지 못하고 있기 때문이다.

의학의 발달로 100세 시대가 된 지금도 많은 사업가들이 '차에 치여 당장 죽을 수도 있다'와 같은 아주 낮은 확률의 사건을 떠올리며 급하게 의사결정을 내린다. 하지만 나는 다르다. 예를 들어 내가 잘못해서 실패한 거래는 깨끗이 잊어버리고 조금도 마음에 두지 않았다. 안정적인 월급을 포기하고 아버지 밑에서 일하기로 했던 젊은 날의 결정은 인내심과도 관련이 깊다. 크고 작은 사건과 사고가 끊이지 않는 인생에서 한 발짝 뒤로 물러설 때 무기력해지지 않을 수 있었던 이유도 그 때문이다.

나는 지금도 그렇고 앞으로도 활동할 수 있는 시간이 많다고 생각한다. 그게 사실이든 아니든 그 느낌 덕분에 나는 오늘도 여유롭고 하루하루가 행복하다.

12

ANDAHALF

Part 1

부와 성공을 부르는
12가지 원칙

1/2

◆

Kind Candor

친절한
솔직함

온전한 나를 만들기 위한,

나의 부족한 반쪽

미리 밝히는 나의 1/2

인내와 야망, 감사와 책임, 공감과 확신··· 나는 항상 이런 특성들을 혼합해 균형을 잡으려 노력한다. 이중에서도 특히 나는 '친절함'과 '솔직함'의 균형을 맞추기 위해 최선을 다하고 있다.

평소 나는 함께 일하는 사람들에게 싫은 소리를 하는 게 싫어 그럴 만한 상황에서도 내색을 하지 않는 편이다. 그런데 어느 날부턴가 이상한 기류가 형성되는 걸 느꼈다. 직원들이 실수를 하고도 너무 당당한 모습이 일상이 된 것이다.

어디서부터 무엇이 잘못된 걸까? 오랜 고민 끝에 나는 결론을 얻을 수 있었다. 공동의 목표 아래 함께 일하는 사람들에게 배려가 능사는 아닌데, 이른바 '친절한 솔직함'이 내게 너무 부족했던 것이다.

업무를 처리함에 있어 리더가 정확한 피드백 없이 잘했다고 긍정적인 반응만 보여주니 직원들은 자신이 실제보다 더 능력이 있다는 착각에 빠지기 시작했고, 그 착각은 이상한 자부심으로 이어졌다.

업무의 효율성을 위해서도, 함께 일하는 사람들을 생각해서라도 그런 부분은 빨리 찾아내 잘못된 점을 바로잡아야 했는데, 어느 순간부터 나는 업무상 꼭 필요한 비판적인 피드백도 외면하고 있었다. 나의 그런 태도는 직원들의 오해를 불러일으키기에 충분했다. 대표가 솔직하게 말해 주지도 않고 무슨 생각을 하는지 도무지 알 수가 없어 일할 때 힘들었다는 사람도 여럿 있었으니 그런 말을 듣고 내 마음이 아픈 건 당연했다.

솔직한 태도로 직원들에게 충분한 피드백을 주지 않은 건 명백한 나의 실수였다. '친절함'과 '솔직함'을 제대로 이해하지 못하고 혼동해서 사용했던 결과임을 자인한다.

◆

돌이켜보면 나는 오랫동안 솔직함의 중요성을 깨닫지 못했다. 있는 그대로의 솔직함이야말로 최고의 친절이다. 만약 이때까지 만난 사람들이 나에게 좀 더 솔직했다면 나는 지금 훨씬 나은 상황에 처해 있거나 더 좋은 사람이 되어 있지 않았을까 하는 생각이 들기도 한다. 아쉽고 안타까운 일들이 여럿 생각난다. 인생이든 사업이든 내가 지금까지 경험한 실패나 불행은 내가 솔직하게 전달하지 못했던 점에서 비롯된 경우가 많았다.

나는 이 '친절한 솔직함'을 아직 완전히 터득하지 못한 나의 '반쪽'이라고 부른다. 아무리 어리석고 미숙한 사람이라도 자신의 약점이나 빈틈을 스스로 인지한다는 사실 자체는 아주 중요하다. 그래서 나는 이 반쪽으로 인해 아직 무한한 발전가능성이 있다고 믿는다.

그리고 이 '반쪽'은 나에게 나머지 12가지 원칙들이 왜 중요한지에 대한 확신을 준다. '친절한 솔직함'이 아직 부족하므로 나는 나머지 12가지 원칙을 확실한 나의 것으로 만들고 싶은 것이다. 그렇지 않으면 반쪽짜리 성공에 불과할 것이다.

이 책을 읽으면서 독자 여러분도 각자의 부족한 부분, 즉 자신만의 반쪽을 발견하여 이를 더욱 발전시켜 온전한 하나로 만들기를 바란다. 그리고 더 큰 자신감을 얻기 바란다. 이것이 내가 12가지 원칙을 설명하기에 앞서 나의 1/2을 먼저 소개하는 이유이다.

1
◆
Gratitude

감사

고마움을 느끼는,

친절에 대한 고마움을 표하고 보답할 준비가 되어 있는 상태

만약 성공과 행복으로 지구상 모든 사람들의 순위를 매긴다면, 당신은 77억 명 중 몇 등이라고 생각하는가? 순위를 적어보자.

77억 명 중 ＿＿＿＿＿＿＿＿＿＿＿＿등.

- **물을 마시고 싶을 때 언제든 마실 수 있는가?**

  세계보건기구who에 따르면, 전 세계적으로 약 7억 8,500만 명의 사람들이 아무리 목이 말라도 기본적인 식수조차 얻지 못하고 있다고 한다. 이는 세계 인구의 10%를 넘는 수치다.
- **매일 먹을 충분한 식량이 있는가?**

  2018년, 전 세계에서 8억 2,000만 명 이상의 사람들이 영양실조에 걸린 것으로 기록됐다.

• 당신의 직업이 싫으면 이직할 수 있는가?

세계노예지수Global Slavery Index에 따르면, 2016년 기준으로 전 세계 167개국에서 4,030만 명의 인구가 현대판 노예로 살고 있었다. 그들은 그 끔찍한 일을 그만둘 수 있는 선택권조차 없었다.

• 집에 제대로 된 화장실이 있는가?

전 세계 인구의 약 60%인 45억 명은 제대로 된 화장실도 없이 살아가고 있다.

• 집에서 초고속 인터넷 접속이 가능한가?

지구상의 약 30억 명은 인터넷 접속을 못하고 있다. 심지어 미국에서도 2,100만 명은 인터넷 연결선이 없다.

소득에 대한 이야기는 아직 시작도 안 했다. CNN의 '다보스 2017 글로벌임금계산기'에 따르면, 전 세계 사람들의 연간 평균임금은 20,328달러(약 2,300만 원)이다. 인도는 연 1,666달러(약 180만 원), 브라질은 연 4,659달러(약 530만 원), 러시아는 연 5,457달러(약 600만 원)이다. 아프리카의 말라위는 연 1,149달러(약 130만 원)가 채 안 된다.

물론 이러한 데이터만으로 77억 인구가 처한 현실을 정확하게 판단할 수는 없다. 하지만 어느 정도는 짐작할 수 있을 것이다. 생각보다 훨씬 많은 지구촌의 사람들이 우리가 당연하다고 여기는 기본생활조차 영위하지 못하고 있다는 사실은 너무 큰 충격으로 다가온다.

◆

나는 평소 세상을 바라보는 나의 '관점'과 '감사한 마음'에서 삶의 동기부여를 얻는다. 옛 소련 벨라루스에서 태어났기에, 그곳에서 계속 살았다면 내 인생이 얼마나 더 나빠졌을지 누구보다 잘 안다. 나는 내가 태어나기 전 벌어진 한 사건이 없었다면 미국에 오지 못했을 것이다.

1970년, 러시아인 열여섯 명이 비밀리에 소형비행기 납치 음모를 꾸몄다. 그들은 결혼식에 가는 척 소련을 탈출해 스웨덴에 비행기를 착륙시킬 계획이었다. 그들의 최종 목적지는 이스라엘, 하지만 계획은 실패했고 그들은 반역죄로 체포되어 수감되었다.

이 사건으로 인해 냉전체제에 있던 소련의 인권 문제에 전 세계가 주목했다. 미국 언론은 이 사건을 대대적으로 보도했고, 당시의 정치 지형에 큰 영향을 끼쳤다. 세상 사람들의 관심이 쏠리고 인권에 대한 압력이 높아지면서 소련은 각종 규제를 완화할 수밖에 없었고, 이 틈을 타 우리 가족을 포함해 많은 유대인들이 소련을 빠져나올 수 있었다. 나는 오래 전 16인의 그 러시아인들이 나의 인생을 바꿨다고 믿는다.

행운이란 참 흥미로운 단어다. 나는 내 성공의 대부분이 운보다는 끈기, 야망, 그리고 다른 감정적인 요소들에 기인했다고 생각하지만 어린 나이에 소련을 탈출할 수 있었던 건 행운에 가까울 것이다.

◆

　　　　　　자본주의 세상답게 사람들은 부(富)를 성공의 척도로 삼고 백만장자를 꿈꾼다. 아이들부터 청년들까지 서른 살이 되기 전에 '성공'을 꿈꾸고 있다. 이런 친구들이 대도시의 아파트나 저택에서 온갖 문화와 문명을 누리고 살면서, 아프리카 여성들이 물을 구하기 위해 하루 2억 시간을 쓰고 있다는 사실을 이해하기란 불가능에 가까울 것이다. 사람들은 자기보다 더 잘사는 높은 곳의 사람들만 올려다보느라 아래에 있는 수십억 명은 관심도 없고 안중에도 없다.

　앞에서 소개한 데이터에 의하면 꼭 선진국이 아니라도 자기가 살고 있는 나라에서 사업을 하거나 직장에 다니고 있다면 이미 대단한 삶을 살고 있는 것이다. 그런데 많은 사람들이 자신이 얼마나 축복받은 존재인지 잘 모르는 것 같다. 아무리 고되고 힘들고 나쁜 날들이 좋은 날보다 많더라도 세상 인구의 절반 이상이 집에 제대로 된 화장실도 없이 살고 있다는 사실을 잊어서는 안 된다.

　내가 중요하다고 여기는 관점이 바로 이것이다. 이러한 관점을 가지게 되면 많은 것이 변한다. 목표도 달라진다. 성취하고자 하는 목표들에 대한 일정이 자연스럽게 바뀐다.

　현재 미국인의 기대수명은 약 79세이다. 1930년에는 58세였고, 1880년에는 39세였다. 1880년은 너무나 먼 옛날처럼 느껴지지만, 사실 그렇지 않다. 2022년, 만약 92세의 조부모가 있다면 그들은 아마 39세에 자연사한 가족의 존재를 알고 있을 것이다. 그 시대에 태어난 사람들은 30세까지는 무슨 일이 있어도 인생의 모든 중요한 결정을 내려야만 했다. 9년 후에는 죽을 테니까! 1930년에도 사람들은 대부분 58세까지 살았다. 30살에 이미 인생의 반이 지나간 것이다.

그렇다면 기대수명이 엄청나게 늘었으니 우리의 인생 시간표도 변경되어야 하지 않을까? 목표달성 시간표도 늘어나야 하지 않을까? 너무 어린 나이에 꼭 목표를 달성해야만 하는 이유가 있을까? 현대의학의 발달로 나는 앞으로 대부분의 사람들이 90세나 100세까지 삶을 영위할 것이라 믿는다.

예를 들어 당신이 27세이고 직장생활 3년째에 접어들었는데 지금 하고 있는 일이 너무 싫다고 가정해 보자. 답은 간단하다. 한 걸음 뒤로 물러서서 다른 일을 찾아도 괜찮다. 당신이 현재 33세이고 대학에서의 전공과 전혀 상관없는 다른 일을 하고 있다면 새로운 사업을 시작해도 늦지 않다. 앞으로도 60년은 더 살 수 있는데 하고 싶은 일을 하는 것이 당연하지 않은가!

당신이나 나나 우리는 최고의 행운아이다. 어제나 그 전에 무슨 일이 있었든 간에, 아직도 많은 시간이 우리 앞에 펼쳐져 있다. 그러니 지금까지의 실수에 대해 스스로 솔직해지되, 연연하지 않는 것이 좋다.

사람들은 10년도 더 전에 마지막 결과가 좋지 않았던 파트너와의 관계, 실패한 스타트업, 나를 힘들게 했던 상사를 기억하며 괴로워한다. 자기 자신을 끊임없이 들볶고, 자신이 만든 감옥에 스스로를 가

둔다. 하지만 그 진흙탕 같은 시간은 인생에 아무런 의미도 가치도 없다. 만약 내가 그 진흙탕에 가까이 간다면, 나는 바로 '감사함'이란 호스를 꺼내어 깨끗이 씻어낼 것이다.

◆

　　　　나도 사업을 하는 동안 이런저런 부침을 겪으며 많은 실망과 좌절을 경험했다. 그렇더라도 대부분 한두 시간, 정말 마음 아픈 일은 최대 하루 정도 곱씹어보는 게 고작이었다. 이미 끝난, 그리고 그렇게 작은 일에 어떻게 아까운 시간을 많이 할애할 수 있겠는가! 나는 그저 나의 인생 목표를 향해 달려가고 있을 뿐이다.

물론 실패는 쓰라리다. 마치 농구에서 플레이오프 경기를 지는 것과 같다. 하지만 당연히 일어날 수 있는 일이다. 그래서 나는 엄청난 실망에 직면했을 때여도 감사함으로 그 상황에서 멀리 벗어나려고 노력한다.

일방적으로 실패의 가치를 깎아내리려는 의도는 없다. 다만, 너무 오래 과거의 일에 연연하는 것은 바람직하지 않다. 실수나 실패에 대해 몇 주, 몇 달, 혹은 몇 년을 슬퍼하고 괴로워해봤자 무슨 소용이 있겠는가. 대학교 때 만난 첫사랑이 두고두고 당신의 마음을 아프게 했을 수도 있다. 하지만 모두 끝난 일이다. 그녀는 이제 47세에 세 아이의 엄마다.

내가 강조하고 싶은 건 긍정적인 감정이 부정적인 감정보다 더 강하고 오래가는 연료를 제공한다는 것이다. '감사함'에서 얻는 에너지는 불안감이나 분노 또는 실망에서 오는 에너지보다 강력하고 더 오래 지속된다.

나는 사람들이 왜 밝은 쪽보다 어두운 면을 자극의 수단으로 사용하는지 알고 있다. 강자보다 약자의 위치에서 경쟁을 지켜보는 것도 좋아한다. 왜 내가 뉴욕 닉스(농구팀)와 뉴욕 제츠(미식축구팀)의 팬이겠는가! 나는 경기에서 지는 것도 즐기고, 패배를 통해 동기부여를 얻기도 한다. 하지만 어둠보다 빛에서 더 많은 에너지를 얻는다.

자신 혹은 타인을 향한 분노는 단기적인 에너지를 줄 수 있지만, 분노로 얻은 에너지는 그닥 만족스럽지 않다. 사람들은 어릴 때부터 자신을 믿어주지 않는 부모를 속으로 원망하지만, 성공 후에 보란 듯이 사과를 받기는 어렵다. 세월이 흘러 원망의 대상이었던 부모는 더 이상 내 곁에 없다. 불안과 분노는 역설적으로 성공의 엄청난 원동력이 될 수도 있지만, 행복으로 이어지기는 쉽지 않다. 분노는 지니고 다니기에는 무거운 재료들이다. 하지만 감사함은 가볍다.

◆

나는 감사하면 안주하게 되고 그러면 더 이상 발전이 어렵다고 생각하는 사람들이 신기하다. '안주하다'와 '감사하다'는 그 뜻이 다르다. '안주하다'는 '자기 자신이나 자신의 업적에 비판적이지 않은 만족감'을 뜻하는 게 아닐까.

예를 들어 나는 모든 것에 감사한 마음과는 별개로 내가 진행하는 비즈니스 거래에서 원하는 계약을 선택할 수 있다. 만약 나의 요구조건이 충족되지 않는다면 계약서에 서명할지 말지 내가 결정을 내린다는 뜻이다. 직장인의 경우도 마찬가지이다. 나를 채용해 믿고 일을 맡기는 회사에 감사하지만, 나의 노력과 성과에 대한 인정과 보상이 따르지 않는다면 그만두고 다른 직장을 구하면 된다.

Part 2에도 나오지만, 우리는 감사와는 별개로 자신의 꿈을 따라 발걸음을 옮기는 존재이다. 감사하다고 해서 소중한 다른 것을 포기할 필요는 없다.

◆

SNS를 통해 볼 수 있는 나의 에너지와 미소는 감사함에서 비롯된 것이다. 아침에 일어났을 때, 내가 사랑하는 사람 중 사고로 죽거나 불치병에 걸린 사람이 한 명도 없다면 그것만으로도 나는 기분 좋은 하루를 시작할 수 있다. 나에게 소중한 사람들이 괜찮다면 나도 괜찮다. 그것이 내겐 가장 소중한 가치이다. 다른 어떤 것도 이보다 나에게 큰 영향을 줄 수는 없다.

내게 없는 것을 부러워하지 않고 가진 것에 진심으로 감사한다면, 일뿐만 아니라 삶에서도 승리할 수 있을 것이다.

———

스마트폰 카메라를 '셀카 모드'로 설정하고, 내 인생에서 가장 감사한 5가지를 소개하는 영상을 찍어보자. 짧은 영상이어도 괜찮다. 그리고 다음과 같은 글과 함께 가족이나 가장 친한 친구들에게 영상을 보내자.

"저는 지금 인생에서 가장 감사한 다섯 가지를 소개하는 영상을 찍고 있어요. 생각할수록 너무나 감사한 것들이에요. 제가 앞으로 작은 일에 불만을 느끼고 불평을 늘어놓으면 이 영상을 저에게 꼭 보내주세요."

내가 받아본 영상들 속에서 사람들이 가장 감사한 것으로 꼽는 건 '가족의 건강과 안녕'이었다. 이 세상에 그보다 소중한 건 아무것도 없을 것이다. 물론 예외의 경우도 있겠지만….

감사한 마음이 일상에 뿌리를 내리면, 살면서 겪게 되는 여러 가지 어려움들을 좀 더 쉽게 극복할 수 있다. 감사의 마법이다!

부와 성공을 부르는 12가지 원칙

2

◆

Self-awareness

자기인식

자신의 성격, 감정, 동기, 욕망에 대한 의식적인 지식

내가 건강 외에 딱 한 가지만 바랄 수 있다면 가장 먼저 머릿속에 떠올릴 요소는 '자기인식'이다.

　2011년에서 2013년 사이, 사회 전반적으로 창업에 대한 관심이 폭발했을 때 나는 '자기인식'에 대해 인지하고 관심을 가지게 되었다. 이때 학생들과 청년들과 기업인들이 너도나도 스타트업 창업자를 꿈꾸는 걸 보고 나는 의아했다. 무슨 자신감으로 모두 성공을 확신하는지….

　'왜 꼭 1인자가 되려고 하는 거지? 2인자, 3인자, 혹은 27인자가 되는 것이 훨씬 더 균형이 맞고 현실에 적합하다는 것을 왜 인지하지 못하는 걸까? 미디어로 접한 유명한 CEO들의 외형에만 취한 것이 아닌가?'

　인간은 누구나 자기가 알고 있는 부분적인 사실을 확대해 자신이 믿는 쪽으로 밀어붙이는 경향이 있다. 또한 자기 자신을 정확히 알지 못하는 상태에서 터무니없는 기대와 희망을 품는 이들도 적지 않다. 더 놀라운 건 장점과 단점과 현재 자신의 상황에 대해 너무나 잘 파악하고 있는 사람들도 거기에 포함된다는 사실이다. 자신이 전혀 특별한 사람이 아니란 걸 알면서도 그 열등감과 불안을 극복하기 위해 CEO 같은 직책을 스스로에게 부여한다. 앞으로 자신이 가장 잘할 수 있는 일이 무엇인지 고민하지 않고, 그저 세상 사람들에게 멋있어 보이고 싶어 인스타그램 소개글에 '사업가'라고 적는 사람들도 많다.

하지만 정확한 자기인식을 갖기 위해서는 현재의 모습을 사랑하고 받아들여야 한다. 자신의 존재를 피상적으로 인지하는 것과 거울 속에 비친 모습을 똑바로 응시하고 말을 거는 것은 다르다. 거울 속을 향해 자신의 부족한 면이나 단점을 얘기하는 건 스스로를 폄하하는 것이 아니라 정리해 보는 것이다. 단점을 인정하는 것이다.

◆

자신에 대한 불안감은 결국 회피로 이어지기 쉽다. 사람들은 자신의 결점을 외면하고 요리조리 피한다.

거울 속의 나에게 "너는 사업가로서의 소질이 없어!"라고 자인하는 것이 꿈의 포기나 인생의 실패를 의미하지는 않는다. 인플루언서로 얼마든지 개인 브랜드를 구축할 수도 있고, 기업의 직원이나 임원으로 영향력을 발휘할 수도 있다. 사업가가 될 자신이 없는 이유가 직원관리능력 부족 때문이라면 그 단점을 보완해 줄 수 있는 파트너와 함께 일하면 된다.

자신을 있는 그대로 완전히 받아들이면 더 이상 다른 사람들의 시선이 무섭지 않다. 사람들은 SNS나 실생활에서 아주 잘나가거나 자기보다 훨씬 잘난 사람을 만나면 왠지 마음이 불편하다. 혹여라도 자신의 단점이 노출될까 불안을 느낀다. 하지만 나는 그가 누구든 사람들을 만나고 함께하는 것을 좋아한다. 그 누구도 두렵지 않다. 내가 우월해서가 아니다. 자기인식이 아주 잘되어 있기 때문이다.

야망을 위해 타인의 인정을 받으려고 너무 노력할 필요는 없다. 스스로를 있는 그대로 받아들이면 타인의 시선은 크게 중요하지 않다. 내가 가장 잘 알고 있는 사람은 바로 나니까! 자기인식은 다른 게 아니라 내가 누구인지 잘 아는 것이다.

자기인식에 문제가 있는 사람은 어떤 일을 하든 어떤 직책을 가졌든 당당하지 못하고 주위 시선에 너무 많은 신경을 쓴다. 하지만 직함은 그저 직함일 뿐, 나를 결정짓는 건 아니다. 구성원으로서의 조화와, 나의 일을 얼마나 능숙하게 실수 없이 잘할 수 있느냐 하는 부분이 중요하다.

물론 다른 회사로 이직을 준비할 때는 직책도 중요하다. 어느 날 함께 일하던 직원이 나를 찾아와 자신의 필요에 의해서 어떤 구체적인 직책을 요청한 적이 있었다. 나는 이직을 할 때 다시 찾아오라고 말했다. 그리고 그가 이직을 희망할 때, 나는 링크드인이나 이력서에 사용할 수 있도록 그가 요청한 직책 사용을 승인한다.

다른 사람의 직책을 부러워하고 남의 직책에 너무 신경을 쓰는 사람들의 공통점은 타인을 너무 의식한다는 것이다. 이렇게 자신의 일에 집중하지 못하고 엉뚱한 일에 정신이 팔린 사람의 실적이나 성과가 높을 리 만무하다.

◆

돌이켜보면 나는 어린 시절부터 자기인식이 뚜렷한 편이었다. 나에게 사업가 기질이 있다는 건 가족이나 친구 등 주변의 사람들도 인정하는 사실이었다. 초등학교 6학년 때 물건을 팔아서 1,000달러를 벌었다. 학교 다닐 때 성적이 떨어져 D나 F학점을 받아도 크게 걱정하지 않았다. 나의 미래에 큰 문제는 없을 것이라고 낙관했기 때문이다. 그때도 나는 사업가였고, 10년 후 20년 후 나이를 먹어도, 앞으로 혹시 사업가라는 직업의 인기가 하락한다 해도 나는 사업가일 것이다.

자신감을 가지면 자기인식에 더 쉽게 이를 수 있다. 나는 거울을 들여다보며 내 인생의 모든 문제들을 직면한다. 결코 시선을 피하지 않는다. 알 수 없는 불안과 두려움에 짓눌려 살아가는 사람은 내가 희망하는 나의 모습과 나의 진짜 모습을 분리하는 것조차 쉽지 않다. 거울을 통해 자신의 눈을 똑바로 마주보는 것도 힘겹다. 하지만 나의 단점과 문제를 인정하고 받아들이고 나면 세상이 달라진다. 내가 어떻게 살아야 하는지 윤곽이 보이기 시작한다.

예를 들어 그림이 너무 좋은데 그림을 그리는 재능은 부족하다고 치자. 꼭 내가 그림을 그려야 할 필요는 없다. 다른 사람이 그린 마음에 드는 그림을 구입하거나 돈을 주고 부탁하면 된다. 그림은 잘 그리지 못하지만 나는 사업 수완이 뛰어나고 사업으로 돈을 벌 수 있다. 필요하다면 하루 15시간 이상이라도 일에 매진할 수 있다.

나는 장문의 문자나 이메일을 통한 업무처리 방식을 좋아하지 않아서, 우리 팀과 직접 만나 짧은 시간 회의를 한다. 시간은 15분을 넘기지 않는 편이다. 나는 내가 잘하지 못하는 것들을 평균 수준으로 올리기 위해 과외를 받을 생각보다 그냥 내가 잘하는 일에 몰두하려 한다. 나는 그것이 가장 효과적이라는 사실을 너무 잘 알고 있다. 이 정도의 자기확신을 가지려면 자신을 그대로 받아들이고 사랑할 줄 알아야 한다.

물론 상황이나 필요에 따라 어느 정도 수준까지는 단점을 보완해야 할 일도 있다. 노력도 마찬가지다. 어떤 일이든 최소한의 능력과 노력은 필요하다. 나의 경우 '친절한 솔직함'이 너무 약해 함께 일하는 직원들과 계속 트러블이 생겼고, 결국 그것이 나의 문제임을 인정하지 않을 수 없었다. 인정하는 순간 문제는 스르르 풀리기 시작한다. 평소에 나는 사람들이 자신의 단점이나 어두운 부분에 더 매달린다고 생각하기 때문에 이 에피소드를 자주 내세우진 않는다. 물론 나도 나의 단점을 보완하고 싶다. 하지만 나는 단점보다 나의 장점을 극대화하는 데 더 관심이 많다.

내가 학창시절 공부를 포기한 것도 내세울 일은 결코 아니다. 하지만 그것이 나의 결정적인 단점이나 약점은 될 수 없다. 이것이 건강한 자기인식일 것이다. 부족한 어떤 능력을 끌어올리려고 너무 애쓰다가 가장 소중한 것을 놓치는 우를 범하면 안 된다. 나는 사람들이 자신의 장점과 재능에 더 집중했으면 좋겠다. 장점을 극대화하는 것이 단점을 장점으로 바꾸려는 노력보다 훨씬 효과적이다.

사람들에게 싫은 소리 하는 게 싫어 피하다가 그것이 문제가 되어 큰 낭패를 당했지만, 노력하여 어느 정도 나아졌을 뿐 아직 완벽과는 거리가 멀다. 물론 앞으로도 그럴 것이다. 지금도 나는 뛰어난 나의 공감능력을 믿고 그것에 기대어 자신있게 행동하고 있다.

이 책을 읽는 독자 분들도 자기인식이 더 깊어지고 확장되기를 바랄 뿐이다.

———

자신과 관련된 여러 가지 다양한 상황들에 대한 질문을 작성하고, 그 질문에 스스로 답해 보자. 그리고 나서 가장 친한 친구와 지인들 10명에게 보내서 그들이 당신에 대해 어떻게 생각하는지 의견을 달라고 부탁하자.
이 방법을 통해 당신의 자기인식이 어느 정도 수준인지 파악하고, 주변 사람들이 바라보는 나와 내가 보는 나를 비교할 수 있다.

3

◆

Accountability

책임감

맡아서 해야 할 일이나 의무를 중히 여기는 마음

어떤 일이 생겼을 때 사람들은 타인에게 책임을 돌리는 것을 좋아한다.

"부장님 때문에 월급도 제대로 못 받고 있어."

"우리 과장 때문에 프로젝트가 망했어."

"그 사람이 제대로 소통을 안해서 결과가 이렇게 됐지."

"제품 출시 전에 가격이 폭락한 게 내 잘못은 아니잖아."

"클라이언트가 그것만 안 시켰더라면….."

하지만 책임을 회피하면 마음이 편할 것 같지만 실제로는 정반대이다. 이런저런 이유를 들어 남 탓을 하는 순간, 더 이상 자신이 상황을 통제할 능력이 없다는 것을 인정하는 것이나 마찬가지다. 남 탓을 하지 않고, 스스로에게 그 손가락을 돌려보면 어떨까?

"연봉 인상을 요청해 보고 안 되면 다른 직장을 찾아야겠어."

"앞으로 내가 좀 더 확실하게 소통하고 귀를 기울여야겠어."

"내가 조금만 더 신속하게 움직였다면 이런 결과가 나오진 않았을 텐데."

"클라이언트에게 아닌 건 아니라고 확실하게 의사를 표현했다면 이런 상황까지는 안 왔을 텐데."

◆

나는 '책임감'을 브레이크라고 생각한다. 무슨 말인가, 즉 다른 사람을 탓하는 데서 발생하는 고통을 멈춰주는 브레이크인 것이다.

사업 파트너가 나를 속였다고 불평만 하고 있다가는 일은 더욱 꼬이고 해결의 실마리는 풀리지 않는다. 그런데 나의 책임도 있다고 태도를 전환하면 파국을 향해 달려가던 바퀴가 멈춘다. 바로 책임감이라는 브레이크다. 두 사람이 서로 옳다고 언쟁하다가 그중 한 사람이 자신의 잘못도 있다고 인정하면 그 순간 전체 대화의 흐름이 바뀌는 것을 목격할 수 있다.

그 어떤 어려운 상황에 처해 있더라도 피하거나 도망가서는 안 된다. 내가 나를 그런 상황에 처하게 만든 것이다(만약 그 결정이 문제를 무시하는 것이었다면 그 결정 또한 내가 책임을 져야 한다).

잘못된 결과가 전부 내 탓이라고 생각하면 억울한 점도 있겠지만 마음은 한결 편안해진다. 그런 마음가짐으로 문제해결에 임하면 도리어 우위에 설 수 있다. 책임감을 가진 사람이 더 큰 힘을 갖게 되는 것이다.

내가 문제를 만들었다면, 그 문제를 고칠 수 있는 힘 또한 나에게 있다. 물론 나와는 전혀 상관없는 일인데 나에게 책임이 있다고 나설 필요는 없다. 내가 문제를 만든 것이 아니고 내가 해결할 수 있는 일이 아니라면, 냉정하고 객관적인 자세로 지켜보면 된다.

사람들은 대부분 자신의 생각과 행동을 통해 자존감을 획득한다. 내가 얼마나 신뢰할 만한 사람인가 하는 것은 자기 자신이 가장 잘 아는 법이다. 이러한 책임감은 인간의 기본적인 요소 같지만 사실 쉽지 않은 덕목이다. 자신감이 없고 나 자신에게 친절하지 않은 사람은 가지기 어렵다. 자신이 미덥지 않고 미래에 대해 긍정적이지 않은 사람이라면 책임감은 더욱 멀어진다. 그러면 결국 사람들의 시선에 전전긍긍하고 눈치를 살피게 된다.

자신의 단점과 실수를 방어하기 위해 자아를 더욱 키워가는 사람도 많다. 이는 강한 척하지만 사실 책임과는 거리가 먼 도피요 회피일 뿐이다.

◆

나는 사람들을 응원하고 존경하지만, 그들이 나보다 우월하다고는 생각하지 않는다. 그렇다고 내가 다른 사람들보다 낫다고 생각하지도 않는다. 나를 과대평가하지 않는다면 타인 또한 과대평가하지 않게 되고 자유로워진다. 그리고 책임감도 생긴다. 나 이외에는 아무도 나의 자존감에 영향을 줄 수 없기 때문에 그렇다.

책임을 회피하면 눈앞의 몇몇 사람은 속일 수 있을지 모르지만, 모두를 속일 수는 없다. 특히 책임감이 높고 EQ(감성지능)가 높은 사람들은 아주 민감하고 감각이 발달해 있다. 그들은 그 특성으로 성공한 부류에 많이 포진해 있다. 그들에게는 당신이 책임을 떠넘기는 모습이 명백하게 보인다. 미덥지 못한 사람이 되면 그들과 어깨를 나란히 하고 좀 더 멋진 일을 할 수가 없다. 당신은 과연 어떤 사람들과 함께하는 삶을 선택하고 싶은가?

자신감이 부족한 사람들은 소극적이고 방어적인 태도를 선택한다. 상황에 따라 다른 사람들을 속이는 것도 개의치 않는다. 자신을 신뢰하지 못하기 때문이다. 그러니 책임지는 자세를 취하고 싶어도 취할 수가 없다.

나 또한 변명의 여지가 있을 수 없다. 함께 일하는 사람들과 그때그때 솔직한 대화를 나눴어야 했는데 사람들이 듣기 싫은 말을 하지 못하는 성정 때문에 피하다 보니 오해가 쌓여 결과적으로 바람직하지 못한 결과를 낳았다. 직원들에게 너무 공감만 하고 무조건 책임을 떠맡다보니 개선할 부분을 고치지 못했던 것이다. 돌이켜보니 그들의 발전 가능성을 내가 막은 건 아닌가 하는 생각도 든다. 그게 벌써 20년이다. 베이너미디어와 와인라이브러리에서 함께 일할 때 업무상 적절한 피드백을 받지 못하고 결국 내 곁을 떠나간 직원들을 생각하면 아직도 마음이 편치 않다.

리더들은 '친절하되 어디까지나 솔직하게' 직원들을 대해야 한다. 한 조직의 구성원으로서의 책임감을 가져야 한다. 그렇다고 너무 책임감만 강조하면 관리자나 직원들에게 중압감만 생기게 되고 억울한 감정을 키울 수 있다. 잘못하면 피해의식만 더 커질 수도 있다.

거래처 등 사업 파트너와 마찰이 생겼을 땐 어떻게 해야 할까? 그 상황에 대해 솔직한 대화를 나누고, 필요한 부분에 대해서는 책임을 지면 된다. 그리고 상대방에게 피드백을 주면 된다. 둘 다 할 수 있다. 금전적인 손실이 클 경우 문제는 쉽지 않겠지만 그럴 때일수록 더욱 솔직한 자세로 임하면 해결하지 못할 일은 없다고 믿는다.

◆

　　　　　　나이가 들수록 행복은 통제가능한 힘에서 온다는 사실을 깨닫게 된다. 사업이나 금전적인 부분도 중요하지만, 지치지 않고 내 삶을 끌어나가는 힘이 내가 가장 주목하는 것이다.

내가 지금 소개하고 있는 12가지 원칙은 행복한 삶을 위해 필수적인 것들이다. 문제는 어떻게 조화롭게 활용하는가 하는 것이다.

내 인생의 주인이 나라면, 모든 일에 대한 결정권이 나에게 있다고 믿는다면 두려울 것이 없다. 내가 열심히 일해서 저축이 넉넉하다면 뭘 먹고 살지 불안감은 줄어든다. 저축이 넉넉하면 이직이나 새로운 일을 선택하기도 상대적으로 쉽다. 내가 원하면 얼마든지 다른 직업을 선택할 수 있다. 자신감과 함께 여유가 생긴다. 인생에 아직 많은 기회가 남아 있고 선택권이 있는 사람만이 누릴 수 있는 자유가 아닐까. 나의 꿈을 이루고 성공에 어떻게 도달할지 결정하는 사람은 어디까지나 나 자신이다.

우리가 살면서 경험하는 불안과 공포는 무력감에서 비롯될 때가 많다. 살면서 내가 할 수 있는 일이 별로 없다는…. 책임감은 그 무력감과 불안을 없앨 수 있는 가장 강력한 요소다. 그토록 중요한 것이 책임감인 것이다.

———

나의 잘못이었는데 다른 사람을 탓하며 손가락질했던 부끄러운 순간이 있을 것이다.

가장 팔로워가 많은 SNS 플랫폼에 그 일에 대해 사과하는 영상이나 사진을 올려보자.

이것이 너무 부담스럽다면 나만의 일기장에라도 기록을 해두면 어떨까?

4

◆

Optimism

긍정

미래나 성공적인 결과에 대한 희망과 자신감

2020년 12월 13일, 나는 '여러분이 이 아기사슴처럼 행복했으면 좋겠습니다'라는 제목과 함께 아기사슴이 해변을 따라 뛰어가는 영상을 SNS에 올렸다.

이 영상에 누군가 '사자가 올 때까지는 행복하겠지'라는 댓글을 달았다. 나는 이렇게 답했다.

'아기사슴은 똑똑하니까 그 사자를 피하겠지. 사람들은 사자를 너무 무서워해. 그래서 사자를 피할 수 있다는 생각도 잘 못해. 하지만 사자 따위는 신경쓰지 마.'

'여러분이 이 아기사슴처럼 행복했으면 좋겠습니다' (출처 : @garyvee)

◆

        놀랍게도 아기사슴 사진에 댓글을 남긴 이를 포함해 많은 사람들이 긍정은 실망과 상실이 필연적으로 이어지는 함정일 뿐이라고 생각하는 것 같다. 또 인생에 두려움이 많거나 상처를 많이 받은 사람은 자신의 경험에 의거해 긍정을 부정부터 하고 본다. 긍정적이었다가 또다시 실패를 맛보고 상처받고 싶지 않기 때문이다. 그들은 긍정을 아무것도 모르는 순진한 것이라 비웃는다.

   다시 한번 이 글의 앞쪽에 적혀 있는 '긍정'의 뜻을 음미해 보자. 긍정은 '미래나 성공적인 결과에 대한 희망과 자신감'을 이야기한다. '긍정'과는 대조적으로 '망상delusion'은 이런 뜻을 가지고 있다. '이성적인 생

055

각으로 받아들이기엔 무리가 있고 모순됨에도 불구하고 옳다고 밀어붙이는 잘못된 판단이나 확신'이다. 망상이 심하면 정신장애가 된다.

긍정의 반대는 '부정pessimism'이다. 부정은 이런 뜻을 가지고 있다. '어떤 일이나 상황의 최악의 면만 보거나 최악의 일이 일어날 것이라고 믿는 경향, 미래에 대한 희망이나 자신감의 부족'을 말한다. 읽기만 해도 어둡고 우울하다.

자신의 미래에 대한 희망과 확신을 가지면 원하는 결과에 도달할 가능성이 훨씬 높아진다. 부정적인 결과로 인도하는 세상의 수만 가지 변수보다 믿음과 희망은 성공으로 이끄는 든든한 견인차가 된다. 바로 긍정의 힘이다. 우리가 모르는 위험요소가 너무나 많이 실재함에도 불구하고 끝까지 긍정을 잃지 않는 데는 다 이유가 있는 법이다.

긍정이 무조건 순진함을 의미하는 것은 아니다. '세상물정에 어두워 어수룩한' 상태는 더더욱 아니다. 일의 위험성도 알고 원하지 않는 결과에 다다를 가능성이 있다는 것도 잘 알지만 잘될 거라 믿고 끝까지 추진하는 힘이다. 그 어떤 위기도 헤쳐나갈 수 있다고 믿는 것이다.

◆

결과에만 매달려 과정을 소홀히 하기보다 과정에 전력을 기울이는 사람들이 성공에 이르는 경우를 많이 본다. 열정적으로 사업에 뛰어든다고 해서 무조건 성공에 이를 수는 없다. 사업을 준비하거나 시작하며 내게 조언을 구하는 사람들에게 무조건 잘될 거라고 격려만 해줄 수는 없으니 나로서도 조심스럽다.

'꿈꾸던 일을 할 수 있는 기회가 주어진 것에 감사하고 그 일의 모든 과정에 충실히 임한다면 성공의 문이 열리지 않을까'라고 나는 그렇게 생각한다. 그런 마음가짐으로 나는 이때까지 살아왔고 현재에 이르렀다.

한 번 생각해 보자. 우리의 조부모 세대만 해도 인터넷이나 스마트폰을 기반으로 한 사업은 꿈조차 꿀 수 없었다. 그런데 지금은 어떤가? 큰 자본금 없이 자신의 독창적인 아이디어만으로도 새로운 사업을 펼칠 수 있다. 이 얼마나 감사한 일인가!

감사한 마음은 더욱더 희망적이고 긍정적인 사람으로 만든다. 긍정은 홈런을 칠 수 있다는 보장이 없다는 것을 인정하면서도 다음 기회가 있음에 기뻐하는 것이다.

◆

뜻은 이해하는데 그렇게 사는 게 쉽지 않다면 자기 자신에 대해 제대로 알아보는 시간이 필요하다. 살면서 내 뜻대로 일이 풀리지 않을 때 당신은 어떤 태도를 보이는가?

애꿎은 남을 탓하며 분노를 터뜨리는 유형이나 자존심을 최후의 방어막으로 사용하는 경우도 있나. 끊임없이 자책하며 동굴 속으로 숨는 유형은 아닌지, 타인의 시선이나 생각에 너무 많이 휘둘린다면 무엇보다 낮은 자존감에 스스로 주목해야 할 것이다. 이때 자신을 믿는 마음을 회복하면 긍정은 자연스럽게 내것이 된다.

나를 변화시키려면 밝고 긍정적인 사람들과 함께하는 것이 가장 좋은 방법이다. 나를 우울하게 하고 정신적으로 끌어내리는 사람들과의 접촉은 가급적 줄이는 것이 좋다. 평소 좋아하는 팟캐스트와 영상들을 통해 긍정적인 에너지로 스스로를 채워보자.

역사적으로 억압을 받아온 집단에 속한 사람들의 경우 자신들과 비슷하거나 닮은 성공한 사람들로부터 긍정적인 에너지를 얻는 경향이 강하다. 나의 조부모는 TV에 유대인 성을 가진 사람이 나올 때마다 "와, 대단한 사람이다!"라며 감탄하곤 했다. 나로선 그 모습이 이해가 잘 안 갔지만, 구 소련에서 억압을 받으며 살아온 그들은 자신과 닮은 사람을 보며 자부심과 함께 큰 기쁨을 느꼈다. 내 조부모에겐 TV에 나올 만큼 유명한 그 유대인의 존재가 희망의 원천이었던 것이다.

◆

나에게 '긍정'은 목적지를 보여주는 지도와 같다. 그래서 나는 결과보다 과정을 더 중요하게 생각한다. 긍정은 부정보다 그 과정을 더 즐겁게 만들어 준다. 내가 이루고 싶은 목표나 꿈에 대한 희망과 자신감이 충만하면 매일 아침에 일어나는 것이 즐겁다. 게임에서 이기는 것보다 게임을 하는 것이 더 재미있다.

나는 가끔 뉴욕 제츠(미식축구 팀)의 구단주가 되고 싶다고 이야기하는데, 사실 그 결과는 그리 중요하지 않다. 물론 실제로 일어난다면 무지 즐겁겠지만 구단주가 되지 못하더라도 상관없다. 다만 그 꿈을 이루기 위해 아무것도 시도하지 않은 게 아쉬울 뿐이다.

나는 '긍정'과 '끈기'가 떼려야 뗄 수 없는 관계라고 믿는다. 만약 목표를 이룰 것이라는 낙관과 기대가 없다면 어떻게 끈기를 가질 수 있겠는가? 어떻게 필요한 노력을 기울일 수 있겠는가? 그리고 성공에 이른 뒤 어떻게 그 성공을 지속할 수 있겠는가!

만약 산을 오르고 있는데 왠지 정상에 오르지 못할 것 같다는 생각이 들면 다리에 힘이 풀릴 것이다. 계속 내딛는 발걸음이 무거울 것이다. 그런 상태로 과연 정상에 오를 수 있을까?

하지만 정상에 오를 수 있다는 사실을 믿어 의심치 않는다면 끝까지 발걸음을 옮길 것이다. 다른 사람들이 어떻게 생각하든 상관없이 그 과정을 즐길 것이다.

물론 스타워즈의 다스 베이더처럼 부정적인 생각을 집요하게 갖고도 목표를 이루는 경우가 드물게는 있다. 그러나 그것은 흔치 않을 뿐 아니라 결코 지속가능하지 않다.

자신을 믿고 끈기 있게 앞으로 나아간다면 오르지 못할 산은 없다고 믿는다.

———

핸드폰의 전화번호부를 열어 그중 마인드가 가장 긍정적이라 생각하는 5명을 찾아 그들

에게 문자를 보내 15분의 대화 일정을 잡아보자. 어떻게 그렇게 긍정적인 마인드로 사는지 궁금한 것을 물어보고 자세한 이야기를 나누어 보자.

주변의 긍정적인 사람들과 긍정에 대해 속 깊은 대화를 나누면 긍정의 밝은 에너지가 전해질 것이라 믿는다. 나는 그들과 함께하면서 다양한 능력과 재능을 자연스럽게 키울 수 있었다.

어쩌면 오랫동안 소원했던 사람들과 인사하고 대화를 나눌 수 있는 좋은 기회가 될 수도 있다. 오랜만에 인사하는 것도 좋은 일 아니겠는가.

5

◆

Empathy

공감

다른 사람의 감정을 이해하고 공유하는 능력

'공감'이라는 단어는 언제 들어도 좋다. 다른 무엇보다도 공감능력 덕분에 지금의 내가 존재하는 것이라 생각한다. 사업은 물론 나의 삶을 이끌어준 가장 중요한 감성요소는 '공감'이라고 자신 있게 말할 수 있다. 공감은 내가 세상의 이야기를 듣는 방법이기도 하다.

페이스북과 트위터의 초창기, 내가 이 두 회사에 나의 돈을 모두 투자한 이유도 이 회사들이 세상과 소통하는 공감을 비전으로 가지고 있었기 때문이다. 또 그것이 지금 내가 NFT(Non-Fungible Token 대체불가토큰, 즉 디지털 자산에 대한 소유권)의 가능성에 대해 자신감을 갖는 이유이기도 하다. 크립토펑크가 더 많은 인기를 얻을 것이라는 걸 알았고, 거너와 다베이비 같은 래퍼들의 성공을 일찌감치 점칠 수 있었던 것도 공감능력 덕분이다.

1990년대에 처음 인터넷을 접하면서 나는 앞으로 놀라운 세상이 펼쳐질 걸 감지했다. 많은 사람들이 컴퓨터와 인터넷을 그저 신기하게만 바라보고 있을 때 나는 새로운 세상이 도래할 것이고 내 삶과 밀접하게 연결될 것이라고 예감했다.

향후 몇십 년 동안 그리고 앞으로도 계속 새로운 것이 나올 것이다. 물론 이를 대수롭지 않게 생각하는 사람도 있겠지만 나처럼 전폭적인 관심을 기울이는 사람도 있을 것이라 확신한다.

뒤의 '호기심' 부분에서 다시 이야기하겠지만, 공감능력은 호기심과 자연스럽게 짝을 이룬다. 못 말리는 나의 호기심은 나를 NFT에 대해 공부하게 이끌었고, 뛰어난 공감능력에 의해 그것의 중요성을 간파했다. 미래 우리 삶의 큰 부분을 차지할 것이라는 확신을 가지게 된 것이다. 일종의 직관인 셈이다. 내가 지금 NFT를 바라보며 받는 느낌은 2005년 초기 웹 2.0을 바라보며 받았던 느낌과 유사하다.

◆

그렇다고 해서 일을 통해 만나는 사람들에게만 관심이 있는 것도 아니다. 나는 내 옆을 스쳐 지나가는 일반 대중과도 공감한다. 가족과 지인과 일터에서 만나는 사람들과 이 책을 읽는 독자 혹은 SNS로 만나는 이들과의 교류도 마찬가지다. 공감이 기본이다. 특히 SNS에서 만나 나를 팔로우하는 사람들과 많은 이야기를 나누는데 독특한 시각과 다양하게 사는 모습에서 느낀 바가 많았다. 소통이 먼저인지 공감이 먼저인지는 잘 모르겠지만 둘은 밀접한 관련이 있는 게 분명하다.

나의 SNS나 콘텐츠에 악플을 남기는 사람들도 많다. 나는 그 악플에 직접 댓글을 달기도 한다. 항의의 차원이 아니다.

누군가가 내 계정에서 자신의 방식으로 콘텐츠를 소비한 후 '엉터리'라거나 '형편없다'는 댓글을 남기면 물론 기분이 좋지는 않다. 그런데 다른 사람의 의견에 그렇게 기분 상할 필요는 없다. 지나가는 사람이 던진 한마디에 그렇게 크게 영향을 받는다면 무서워서 어떻게 살 수 있겠는가. 나는 이렇게 생각한다. 댓글은 댓글일 뿐이다. 그 사람은 일이 잘 안 풀리거나 컨디션이 나빠서 아무에게나 짜증을 내고 있는지도 모른다.

누군가 내 콘텐츠에 '게리, 마치 당신이 대단한 사람인 것처럼 착각 좀 하지 마!'라는 댓글을 남긴 적이 있다. 나는 그 반말 댓글에 이렇게 썼다.

'우리 엄마는 그렇게 말씀 안 하시는데요?'

그리고 그의 계정을 쭉 살펴본 후에 한마디 더 남겼다.

'사진 정말 잘 찍으시네요!'

공감은 강할수록 더 많이 가질 수 있는 능력이라 생각한다. 내가 정말 강한지는 잘 모르겠지만 나는 사람들의 악플에 크게 개의치 않는다. 그리고 대부분 미소로 말을 건넨다. 다른 사람들을 이유 없이 공격하고 무례하게 구는 사람은 언뜻 강해 보이지만 실제로는 그 반대라는 걸 나는 너무 잘 알기 때문이다.

◆

만약 내가 나쁜 상사 밑에서 일한다면 최대한 그를 이해하려고 노력할 것이다. 그는 자신이 승자라고 생각하며 함께 일하는 이들을 무시하고 존중하지 않음으로써 결국 기피 대상이 된다. 그런 모습을 보며 남을 밟고 올라가든 어쨌든 출세만 하면 그만이라고 생각하는 사람이 얼마나 있을까? '나는 출세해도 저렇게 되지는 말아야지!' 하고 생각하는 사람이 더 많을 것이다.

이런 상황에서의 해답은 간단하다. 그를 측은히 여기는 것이다. 그에게 지금 어떤 문제가 있는지, 무슨 일로 괴로워하고 있는지 우리는 사실 알지 못한다. 아랫사람을 무시하고 괴롭히는 걸로 봐선 마음의 여유라곤 전혀 없는 불쌍한 인간일 뿐이다. 무슨 사정으로 그렇게 마음이 각박해져 사람들과 자신을 괴롭히는 것인지는 몰라도 미움 대신 이해하려고 노력하면 스르르 문제의 빗장이 풀리기도 한다.

공감능력은 인생의 많은 문제들에 대해 해답을 제시한다. 다른 사람이 느끼는 것을 함께 느낄 수 있다면 그보다 더 좋은 것도 없을 것이다. 사람들과도 잘 어울릴 수 있게 된다. 이처럼 공감은 엄청나게 중요한 능력이다. 인간관계의 기본일 뿐 아니라 성장과 발전의 동력이다. 나는 그것이 최고의 능력이라고 생각한다. 공감을 통해 더 살기 좋은 세상을 만들 수도 있고, 반대로 공감이 없다면 세상은 더 살기 힘들고 각박해진다. 나는 당신이 공감능력을 키워 자신도 행복하고 살기 좋은 세상을 만드는 데 일조했으면 좋겠다.

◆

　　　　　　　공감능력을 갖고 있는 것과 활용하는 것은 또 다른 이야기다.

세상에는 공감능력이 뛰어난 사람들이 많지만 사람들과의 관계 속에서 그 양상이 달라지기도 한다. 같은 사람이어도 한 아이의 부모일 때와 한 조직의 리더일 때의 공감능력은 차이가 있다. 친구들과의 관계 속에서나 한 조직의 구성원일 때도 다를 것이다.

어떤 엄마는 자기 딸이 사업가 기질을 타고났다고 느낄 수도 있겠지만, 그 딸은 사실 사업가 기질과는 거리가 멀 수 있다. 예술가 기질로 바꾸어도 경우는 마찬가지다. 운동이라면 질색인 딸에게 건강과 외모를 위해 운동을 강요하는 엄마를 공감능력이 없다고 한마디로 단언하기도 어렵다.

각각의 사람들 마음속에는 자기도 모르는 마음이 있어서 공감을 방해하기도 하고 그 능력이 꽃피도록 도와주기도 한다. 중요한 것은 자신에 대한 믿음이다. 있는 그대로의 자신을 믿고 사랑하지 않는 사람은 다른 사람을 온전히 믿고 사랑할 수 없다. 공감능력도 '반쪽'에 불과할 것이다.

◆

　　　　사업적인 맥락에서 보면 나에게 가장 큰 공감의 어려움은 나와 함께 일하는 이들이 스스로 느끼고 배울 수 있도록 균형을 맞추는 것이다.

　얼마 전 우리 팀 직원 둘 사이에 꽤 큰 갈등이 있었다. 나는 스토리와 상황을 모두 알고 있었지만 내가 개입해야 하는지, 개입한다면 어느 선까지 할 것인지를 두고 망설였다. 가장 좋은 건 두 사람이 대화를 통해 스스로 해결하는 것이다. 주변 사람들이 돕겠다고 나섰다가 오히려 문제가 더 커질 수도 있을 테니 말이다.

　다행히 그런 상황까지 치닫지 않고 문제는 잘 해결되었다. 만약 그 두 사람의 공감능력에 문제가 있었다면 더 많은 시간을 끌었을 것이다. 두 직원에 대한 믿음이 있어 섣불리 개입해 진화에 나서지 않은 것도 옳은 선택이었다.

　상사나 주변의 간섭이나 개입 없이 직원들이 스스로 갈등이나 문제를 해결할 수 있으면 좋겠지만 때로는 그것이 어려울 때도 있다. 나중에는 가만히 지켜본 것이 무책임한 태도로 비난받을 수도 있다. 그 시점과 범위를 아는 것도 넓은 의미의 공감능력이 되지 않을까?

　그래서 나는 오늘도 끊임없이 고민한다. 업무와 관련해 직원들에게 언제 어떻게 적절한 피드백을 주어야 할지, 문제가 발생했을 땐 또 어떻게 해야 할지….

　공감능력은 일과 삶에서 치트키와 같다. 이것이 핵심이다. 다른 요소들도 중요하지만 공감능력과 결합되어 활용되면 무적이 될 수 있다. 타인의 감정을 잘 이해하고 느낄 수 있으면 어떤 상황이 와도 무서울 게 없을 것이다.

———

가족 중에서도 가장 친밀감을 느끼는 한 명과 허물없이 지내는 친구 한 명에게 전화를 걸어보자. 그리고 예전에 안 좋은 일이 있어 고민하다가 나에게 털어놓았는데, 나의 조언이나 반응에 더 기분이 나빠졌던 적이 있었는지 물어보자.

공감을 제대로 하지 못해 위로는커녕 상대를 더 힘들게 했던 나의 흑역사를 알게 되는 좋은 기회가 될 것이다.

6

◆

Kindness

친절함

다정하고, 너그럽고, 사려 깊은 사람의 자질

아버지의 사업체인 와인라이브러리에 근무할 때의 일이다. 너무나 친하게 지내던 직원이 25만 달러(약 3억 원) 상당의 와인을 훔친 사실이 들통났다. 당신이 나라면, 어떻게 행동했을까?

사람들은 보통 자신을 믿고 잘해주는 사람들에게 친절한 걸 당연하게 생각하지만, 나는 나를 힘들게 하는 사람에게도 친절해야 한다고 생각한다. 그건 생각에만 그치지 않는다. 나에게 무례하기 짝이 없었던 동료나, 또 사업과 관련해 내 뒤통수를 크게 치고 사라졌다가 2년 후에 아무 일 없었다는 듯이 나타난 사람에게도 나는 친절했다.

성실하고 능력이 뛰어난 사람을 친절하게 대하기는 식은 죽 먹기다. 하지만 그 반대의 사람들을 친절하게 대하는 건 쉬운 일이 아니다. 더구나 내가 앞이 보이지 않을 정도로 힘든 상황이라면 어쩌겠는가?

힘들 때 화를 내고 나에게 해를 끼친 사람을 멀리하는 건 자연스러운 현상이지만 그것을 뛰어넘고 싶은 사람들도 있다. 나도 그런 사람 중 한 명이다. 보통은 나도 사람들의 친절함에 의지한다. 다정하고 친절한 사람들이 좋고 나도 친절한 사람이 되고 싶다. 하지만 친절함이 전부가 아니라는 사실을 너무나 잘 알고 있다.

나는 평소 카메라 앞에서 꽤나 솔직하고 직설적으로 말을 하는 편인데, 그런 내 모습을 접한 사람들은 의문을 품기도 한다. '친절함과는 거리가 있어 보이는 사람이 왜 이렇게 친절을 강조하는가?'라고 말이다. 물론 그들이 단편적으로 보고 판단한 내 모습에 대해서는 나도 뭐라고 할 말이 없다.

우리는 나 아닌 다른 사람을 완벽히 알 수 없다. 가족도 마찬가지다. 아무리 친한 친구라 해도 그가 지금 어떤 상황에 있는지, 어떤 마음으로 살아가는지 전부 알 수는 없다. 우리가 아는 건 내 눈에 비친 단편적인 모습이다. 그가 어떤 삶의 과정을 통해 지금에 이르렀는지 어떻게 알겠는가. 그러니 짐작 정도를 가지고 함부로 예단하고 판단할 순 없다.

이쯤에서 발상을 전환해 보자. 다른 사람이 나를 판단하는 것 역시 상대의 관점에서 단편적으로 본 나의 모습이다. 자기 맘대로 생각하는 나인 것이다. 그런데 나는 왜 눈치를 보며 아무것도 모르는 남의 판단에 이토록 휘둘리는 것일까? 굳이 그럴 필요가 없지 않을까?

◆

　　　　　　앞의 이야기로 되돌아가서, 나와 친하게 지냈던 한 직원이 어마어마한 양의 와인을 훔쳤다는 사실을 알게 되었을 때 나는 망치로 크게 한 대 맞은 느낌이었다. 아버지는 분명 내가 들어오면서 바뀐 일터의 분위기, 즉 직원들과의 과도한 친분 때문에 이런 일이 발생했다고 나를 원망할 것이라 생각했다.

　나는 바로 방어 모드로 들어갔다. 아버지에게 예전에도 이런 사건이 있었다는 점을 상기시켰다. 내가 오기 전에도 비슷한 일이 있었다고 들었던 것이다. 그보다 나는 그가 왜 그랬는지가 더 궁금했다.

　'그는 지금 괜찮은가? 왜 그랬을까? 내가 모르는 무슨 일이 있었던 걸까?'

　알고 보니 그 직원은 거의 최악의 상황에 처해 있었다. 이런저런 힘든 일이 많았고 그걸 잊으려다 보니 자기도 모르는 새 약물에 중독되어 있었다. 약을 구하기 위해서는 돈이 필요했다.

　나는 그를 향한 연민과 함께 한편으로는 감사함과 죄책감을 느꼈다. 나는 그에 비하면 부모님 덕분에 경제적으로도 그렇고 평탄하게 살아온 편이었다. 그러니 약물에 중독될 일도, 남의 물건을 훔칠 일도 없었다. 그런데 어떻게 내가 곤란에 처한 그 사람을 무조건 외면하고 비난할 수 있겠는가.

　물론 나의 이해와는 별도로 그는 당연히 자신이 저지른 범죄에 대한 대가를 치러야 했다. 그것이 순리이니까.

◆

　　　　어떠한 불리한 상황이라도 솔직함과 함께 친절한 자세를 잃지 않는다면 꼬인 문제가 풀리고 해결이 될 확률이 높다. 설령 라이벌 관계에 있는 사람이라도 한결같이 친절한 자세로 나오는 상대에게 적대적인 태도를 취하기는 어려운 법이다. 친절함을 보이면 상대방도 마음을 열게 되어 있다. 상대에게 안 좋은 소식을 전하거나 곤혹스러운 대화를 나눠야 할 때일수록 친절함이라는 이 요소를 잊지 말아야 한다.

　그런데 꼭 기억해야 할 일이 있다. 너무 공감한 나머지 친절을 계속 베풀기만 하다 보면 생각지도 못한 상황에 처할 수도 있다는 사실이다. 일의 처리가 엄중한 상황에서는 솔직한 태도로 임해야 하는데, 너무 친절하게만 접근하게 되면 오해가 생길 수 있다. 이로 인해 결과가 잘못되면 모든 화살이 나에게 돌아올 수도 있다. 자신을 속였다고 누군가로부터 원망을 받을 수도 있다.

　친절함과 솔직함은 반대되는 개념이 아니다. 다만 솔직하게 털어놓았을 때 상대방의 반응을 차마 지켜볼 수 없어서 사실을 감추고 계속 친절하게만 군다면 일이 잘못되었을 때 어떻게 되겠는가? 솔직하지 않았다는 이유로 대부분의 책임은 내가 져야 할 것이다.

　그런 자세로 계속 살다 보면 '믿을 수 없는 사람'으로 낙인찍혀 사람들이 모두 기피하는 외로운 노인이 될지도 모른다.

◆

　　　　　그런 점에서 나는 나의 1/2인 '친절한 솔직함'을 쉽게 풀기가 어려웠다. 사람들이 무엇을 원하는지 잘 모르기도 하고, 일일이 신경을 쓰지 않는 편이기 때문에 더 그렇다. 비즈니스상의 만남에서도 계산기를 두드리지 않고 마음을 먼저 주는 타입이다 보니 종종 문제가 발생했다. 또 나는 누군가가 나를 원망해도 크게 신경 쓰지 않는 편이다. 그를 무시해서가 아니라 심각한 상황이 싫기 때문이다.

　이럴 때는 가볍게 받아들이는 것이 하나의 전략이 될 수 있다. '솔직함'이라는 단어 앞에 '친절한'을 더한 이유가 거기에 있다. 예를 들어 나는 환자에게 약을 처방하는 방식도 약의 성분 만큼이나 중요하다고 생각한다. 환자들이 선호하는 의사는 의학지식이나 수술 실력이 뛰어난 의사가 아니라, 환자들의 기분을 잘 살피고 편하게 대해 주는 의사이다. 그런 의사라면 포도맛 젤리를 약이라고 주어도 기분 좋게 받아먹는 것은 물론, 아픈 주사도 얼마든지 웃으며 맞을 수 있을 것이다. 웃으며 맞는 주사의 효능이 훨씬 더 뛰어날 것이라고 나는 믿어 의심치 않는다. 솔직함을 핑계로 친절함을 버리는 의사가 너무 많아서 하는 말이다.

◆

　　　　　2000년대, 스티브 잡스에 열광하는 청년들이 내 주

변에도 많았다. 그런데 그를 그토록 닮고 싶어하고 존경한다면서 자신의 조직에서는 너무나 거칠고 무례한 태도로 사람들을 대하는 이들을 여러 명 보았다. 나에게 그 장면은 굉장히 인상적으로 다가왔다.

'능력이 뛰어난 사람은 다른 사람들을 그렇게 무례하게 대해도 되는가? 이 시대에 친절함은 어디로 실종되었을까?'

그 의문이 이 책을 쓰게 한 원동력이라 해도 과언은 아니다. 그래서 '친절함'과 함께 지금 내가 열거하는 12가지와 1/2의 중요한 요소들을 자세히 살펴보고 싶었다. 다른 사람은 안중에도 없는 듯한 강하고 터프한 행동이 쿨한 것이 아니라, 공감과 친절 그리고 감사하는 마음과 태도가 얼마나 멋진지 보여주고 싶었다.

강한 리더가 되는 것이 능사는 아니다. 능력에 따르는 효율과 생산성을 무시하는 것도 아니다. 거친 바람이 아니라 따뜻한 햇살에 외투를 벗는 동화 속의 나그네를 생각해 보라. 나는 그 무엇보다 친절함이 가장 강한 것이며 끝까지 살아남는 것이라 말하고 싶다.

물론 카리스마로 사람들을 휘어잡고 조직을 성공적으로 이끈 훌륭한 사업가들도 적지 않다. 강한 리더들이 성공을 쟁취하는 모습도 많이 보았다. 하지만 결과는 언제나 가장 마지막에 알 수 있는 법이다.

스티브 잡스에 대해 많이 알지는 못하지만, 그가 어떻게 전설이 되었으며 특히 실리콘밸리의 청년들이 그에게 얼마나 열광했는지 잘 알고 있다. 그런데 스티브 잡스를 존경하고 추종하는 그들의 모습이 사람들에게는 어떤 모습으로 비쳐지고 있는가!

그는 과연 어떤 리더였을까? 어쩌면 능력이나 명성에 비해 많은 장점이 가려진 최고의 친절한 리더였는지도 모른다.

◆

　　　　　이 세상은 농담으로라도 '친절'을 삶의 가장 큰 덕목으로 내세우지 않는다. 사업에 있어서도 그다지 강점으로 여기지 않는 눈치다. 하지만 나는 친절함의 중요성에 대해 밤을 새워서라도 이야기하고 싶다. '결국 친절함이 답'이라고 말이다. 그리고 그 놀라운 효과를 함께 지켜보고 싶다.

――

나의 돈과 시간을 도움이 필요로 하는 곳에 사용해 보자.

1　온라인상의 기부 캠페인 중 마음을 움직이는 캠페인에 성의껏 준비한 돈을 기부해 보자.

2　시간과 재능을 기부하라. 나도 꼭 도전해 보겠다. 돈을 아주 많이 버는 사람이라면 100만 원 혹은 1,000만 원을 쾌척하는 게 엄청나게 어려운 일은 아닐 것이다. 하지만 내가 할 수 있는 가장 친절한 행동은 사람들에게 나의 시간을 기꺼이 내주는 것이다. 금전적인 기부는 말할 것도 없고, 내가 줄 수 있는 가장 값진 것은 시간이다. 다만 이때 친절은 주는 사람이 아니라 받는 사람이 느끼는 것이라는 것을 기억해야 한다.

부와 성공을 부르는 12가지 원칙

7.

Tenacity

끈기

단단히 결심하는 것, 각오

인생을 활기차게 사는 건 중요하지만 너무 앞만 보고 가다 보면 과부하에 걸린다.

참고 견딘다는 의미로 '끈기'를 해석하면 극심한 피로감과 함께 '번 아웃burnout' 현상에 이르기 쉽다. 오랜 기간 꾹 참고 과장된 활기로 일에 매진하다 보면 모든 것이 소진되는 것도 무리는 아니다.

사람들은 성공하고 싶으면 끈기가 있어야 한다고 말한다. 하지만 그것이 마음의 평화와 행복을 희생시키는 단계에까지 이르면 곤란하다. 끈기가 번아웃과 잘못 연결되어서는 안 된다는 말이다. 그런데 현실에서는 이 두 가지가 함께 따라다니는 현실을 가끔 목격한다.

내가 솔직함을 지나치게 단순화시켜 생각했던 것처럼 끈기를 그렇게 바라보는 사람들도 많다. 사람들은 끈기와 번아웃을 비슷하게 보려는 경향이 있는데, 이 둘은 확실한 차이가 있다. 번아웃은 과로나 스트레스로 인한 신체적 또는 정신적 붕괴이다. 반면에 끈기는 집요한 노력이다.

내가 평소 '야망'보다 '야망을 성취하는 과정을 즐기라'고 강조하는 이유도 바로 이 때문이다. 사람들은 자신의 진짜 목표보다 부수적인 것들, 즉 백만 달러와 벤츠, 샤넬 가방, 전용기 따위를 좇는다. 이 과정에서 사람들은 자신의 본래 목표를 잊고 어느 순간 남들의 시선에 비친 자신의 모습을 너무 많이 의식해 엉뚱한 것을 구하다가 번아웃을 경험한다. 자신의 행복을 외부의 검증과 물질적 성공에 기준을 둔다면 번아웃에서 벗어나기는 쉽지 않을 것이다. 그런데 사람들은 자신도 모르는 새 이런 어리석음에 빠지곤 한다.

내가 진정으로 원하는 것을 하고 싶다면 다른 사람에게 잘 보이기 위해서가 아니라 나 자신을 위해 목표를 잡고 달려가면 어떨까?

끈기가 있다는 건 '나는 이 일을 하는 과정이 너무 즐거워서 다른 사람들이 걸림돌로 여기는 것들도 얼마든지 돌파할 수 있어'라고 스스로에게 말할 수 있는 것이다.

◆

　　　　　20대 중반, 아버지의 와인 가게에서 근무할 때의 일이다. 친구나 지인들이 술을 사러 종종 나를 찾아왔다. 의사나 변호사, 아니면 월가의 금융인도 있었다. 그들은 비싼 샴페인을 구매했고, 나는 지하창고에서 샴페인을 가져와 계산하고 그들의 자동차 트렁크에 실어주었다. 그들이 나를 바라보는 시선에서는 일말의 동정심과 함께 자부심이 느껴졌다. 그들의 눈에 비친 나는 아버지의 와인 가게에서 일하는 판매원이었다. 그런 시선이 나라고 해서 유쾌했을리 없다.

그런데 내가 그런 순간들을 잘 넘기고 그 상황에서 도리어 강력한 동기부여를 얻은 건 나 스스로에 대한 믿음과 끈기 덕분이었다. 앞에서도 여러 번 말했듯 나는 어려운 상황에서 도리어 빛을 발하는 사람이다. 나는 내가 가진 것들을 멋지게 잘 활용한다. 공감, 친절, 감사함 등이 그것이다. 20대 초반의 나는 끈기와 확신을 획득했고, 그 뒤에는 공감과 인내심을 추가했다. 손님으로 찾아온 친구 차의 트렁크를 열어 샴페인을 실어주던 내가 무슨 생각을 하며 그 일을 하고 있는지 그들은 몰랐을 것이다.

나는 오로지 아버지에게 감사한 마음으로 10년 동안 사업을 키우는 일에만 집중했다. 목표를 세우고 그 일에만 전념했다. 나는 나의 전략과 인내심을 가지고 가까운 장래와 먼 미래를 내다보았다. 아버지의 와인 가게에서 일하는 그 시간이 전혀 아깝지 않았다. 나는 친구들과 비교해 내가 뒤처져 있다거나 잘못된 길을 가고 있다고 생각하지 않았다. 그들은 내 원대한 꿈을 알지 못했고, 나 역시 서운할 것이 없었다. 나는 나의 길을 가면 그만이었다.

그 시기에 나는 내 시간에 대한 확신이 있었다. 나는 22살부터 32

살까지 가족을 위해 시간을 저축하고 있다고 생각했다. 지금도 20대 초반이나 중반의 나이에 자신이 무엇을 해야 할지 모르겠다고 내게 DM을 보내는 젊은 친구들이 수만 명이다. 그들에게 이 책에서 말하고 있는 나의 작은 경험들이 참고가 되었으면 좋겠다.

그 시절 나는 매일 15시간 이상 고객들을 상대하면서 나의 실력을 키우는 것이 무엇보다 중요하다고 생각했다. 열심히 와인을 팔면서 소통능력을 포함해, 내게 필요하다고 생각되는 것들을 배워 나갔다. 언젠가 내가 다른 일을 하게 될 것이라는 사실도 너무 잘 알고 있었다. 아버지의 사업이 단단하게 안정적으로 구축되면 그다음은 나의 일을 할 차례였다. 당시 그런 상황을 이해해 주는 사람은 별로 없었지만 나는 나 자신을 이해했고 그것이 확실한 나의 동기부여가 되었다.

확신과 끈기는 늘 따라다니며 함께 작용한다. 내가 하는 일에 대한 확신이 있을 때, 끈기는 몇 배로 증폭된다.

———

지금 바로 유튜브에 들어가 '팔굽혀펴기 자세'를 검색해 영상을 보고 자세를 그대로 따라해 보자.
처음 해보는 사람은 한두 개도 쉽지 않을 것이다. 그러나 하다 보면 늘게 돼 있다. 할 수 있는 팔굽혀펴기 개수는 얼마나 되는가? 최대한 많이 하는 영상을 SNS에 올리자.
이 글을 읽는 순간부터 55일 동안 매일 팔굽혀펴기를 하는 것이다. 그리고 55일째가 된

날 팔굽혀펴기를 영상으로 촬영해 올리고 #GaryVee55Days 해시태그를 걸면 내가 찾아서 볼 것이다.

나는 정신과 육체가 깊이 얽혀 있다고 믿는다. 둘은 상호작용한다. 한 걸음 나아가 육체적인 운동이 사람의 정신 상태에 지대한 영향을 준다고 믿는다.

부와 성공을 부르는 12가지 원칙

8

◆

Curiosity

호기심

무언가를 알거나 배우고 싶은 강한 욕구

이 글을 쓰고 있는 지금 나는 NFT(Non-Fungible Token, 대체불가토큰)에 대해 한껏 기대에 차 있다. 나는 NFT가 앞으로 인간의 창의성에 큰 혁명을 일으킬 것이라고 믿는다. 그래서 나는 2021년, NFT에 대해 엄청나게 공부를 많이 했다. 만약 이 기회를 놓친다면 나중에 크게 후회할 것 같았기 때문이다.

사람들은 호기심이 부족할 때, 자신의 현실에서 좀처럼 움직이려 하지 않는다. 새로운 것에는 관심을 두지 않는다. 자신이 모르는 것은 그냥 무시한다. 그게 마음 편하기 때문이다.

게임을 예로 들어보자. 게임은 아이들이나 즐기는 오락거리로 가볍게 치부하고 관심을 두지 않았던 사람들이 많았다. 하지만 그들은 게임으로 돈을 벌 수 있다는 것과 게임이 주요산업으로 자리잡을 수 있다는 가능성을 간과했다. 지금은 어떤가? 최고 실력의 게이머들과 e스포츠 콘텐츠 제작자들은 매년 게임으로 수백만 달러를 벌고 있다.

SNS도 마찬가지다. 처음에 사람들은 SNS에 그다지 주목하지 않았다. 그저 일시적인 유행이라고 생각하고 무시하는 사람이 많았다. 웹 2.0 시대에 내가 스포츠 카드의 투자가치가 올라갈 것이라고 말했을 때도 많은 사람들은 현실적이지 않다고 반박했다.

하지만 우리는 지금 많은 예술가들이 NFT를 통해 수입을 창출하는 시대의 시작을 목격하고 있다. 쉽게 설명하면 NFT는 그림과 사진, 동영상 등 각각의 콘텐츠가 인터넷상에서 고유한 코드를 얻어 다른 복제품과 차별성을 얻음으로써 엄연히 고유의 자산이 되는 것이다. 디지털 자산은 자산이 아니라고 생각하는 사람들이 아직도 많은데, 그들은 예술작품도 시대에 따라 변화해 가는 현실을 인정하지 못하는 것이다.

세상은 많이 변해서 그림이나 만화 등 하고 싶은 걸 공부하고 연구하면 충분히 먹고 살 수 있는 세상이 되었다. 쉬운 일은 아니지만 노력하면 얼마든지 실현가능한 일이다. 나의 재능을 인정하고 열심히 노력하여 그 재능을 펼치고 살아갈 수 있다면 그보다 멋진 일이 어디 있겠는가! 호구지책이라는 이유로 하기 싫은 일만 하다가 삶을 마감하는 것이 내게는 너 견디기 어려운 일로 여겨진다.

◆

　　　　　'호기심'은 일견 가볍고 유치한 것으로 세상에서 과소평가되고 있다. 하지만 나는 오래전부터 '호기심'이 사업 성공의 가장 중요한 특징 중 하나라고 생각했다.

　　1990년대 중반을 지나며 와인에 관한 나의 호기심은 마크 스콰이어스가 운영하는 와인 블로그의 모든 게시물을 탐독하며 시작됐다. 이를 통해 내가 수집한 정보에 의하면, 호주산 와인과 스페인산 와인의 인기가 점점 더 오를 것이 분명했다. 그리고 예측은 적중해 엄청난 돈을 벌었는데, 이는 나의 공감능력과 호기심에서 비롯된 것이다.

　　호기심은 어떻게 보면 엔터테인먼트사의 기획과 스카우트 팀이 하는 일과 비슷한 활동이다. 나는 호기심을 가지고 새로운 것을 배우기 위해 노력하고(마치 7080 시대에 새로운 아티스트를 찾아내기 위해 클럽을 방문하는 것처럼), 인기 밴드가 될 잠재력 있는 신인 그룹을 발굴하는 것처럼 촉수를 한껏 뻗는다. 공감 촉수다.

　　호기심과 공감능력을 합치면 직관으로 이어진다. 그리고 그 직관을 경험하면 확신에 이를 수 있다. 직관을 키우기 위해서는 사람들의 행동을 깊이 관찰하고, 세상의 새로운 흐름에 주목해야 한다. 새로운 기술과 산업에 대해 관심을 가지고 '예측'을 해야 한다. 이때 나는 단지 예측만 하는 것이 아니다. 시장의 변화와 흐름을 관찰하고, 대부분의 사람들보다 더 빠르게 실행한다.

◆

호기심이 많다면 그 호기심을 겸손으로 잘 보호해 야 한다. 예측의 성공 횟수가 늘어날수록 사람은 오만해지기 쉽고, 자신을 특별하게 생각할수록 호기심은 줄어든다. 가진 것이 많은 만 큼 현실에 안주해 버릴 수도 있다.

그래서 나는 항상 경계심을 늦추지 않는다. 나는 아직 젊기 때문 에 배울 것도 많고 이제 시작일 뿐이라고 생각한다. 무언가에 취해 부풀려진 자아를 가지고 있다면 호기심은 줄어들 수밖에 없다.

호기심이라는 단어와 맞물려 생각나는 수식어는 '강한 욕구' 그리 고 '배우고'라는 표현이다.

호기심의 가치를 극대화하고 싶으면 '강한 욕구'가 있어야 한다. 얼마나 많은 것을 성취했든지 간에, 계속해서 배우고 앞으로 나가고 자 하는 강한 욕구와 성실성이 필요하다.

많은 스포츠 선수들은 젊은 나이에 은퇴 시기를 고려한다. 이때 호기심을 잃지 않는다면 은퇴하더라도 낙담하지 않고 가슴 설레어 할 것이다. '내 인생은 이제 끝났어!'라고 한탄하는 대신 '이제 겨우 서 른 중반, 앞으로 어떤 일들이 나를 기다리고 있을까?' 하고 기대에 부 풀 것이다. 운동선수들은 특히 자신의 재능, 명성, 인맥 그리고 커리 어를 새로운 삶의 영역을 확장하는 데 활용할 수 있다. 그것이 새로 운 브랜드를 만드는 것이든, 내 아이의 더 나은 부모가 되는 것이든 간에 말이다.

'호기심'에서 두 번째로 중요한 단어는 '배우고'이다. 만약 당신이 60세로 은퇴한 사람이라면, 지금부터라도 완전히 새로운 커리어를 만들 수 있다. 자신의 경험과 경력을 십분 활용하는 것이다. 호기심만 있다면 60대는 물론이고 90대의 노인도 가능하다. 연륜이 풍부한 그들에게는 새로운 삶이 놀이와 같은 시간이 될 수 있다. 삶에서 배운 것을 SNS를 통해 공유한다면 완전히 새로운 세상이 펼쳐질지도 모른다. 사람들과 소통하고 배우고 나누다 보면 더 많은 걸 세상에 남길 수 있지 않을까?

SNS에서 나를 팔로우하는 사람들 중에는 교육에 대한 나의 생각을 제대로 이해하지 못하는 사람들이 많다. 나는 교육이 성공의 토대라고 믿지만, 오늘날 미국에서 교육이 판매되고 소비되는 방식을 보면 이런저런 의문이 드는 것도 사실이다.

아이들이 모두 대학에 진학해야 하는지도 의문 중의 하나다. 학문에 별 뜻이 없는데 학자금 대출을 받으면서까지 모두 대학에 가야 하는지 묻고 싶다. 교육에 그토록 많은 돈을 쓰는 게 그만큼 가치가 있는 일인지? 이 문제는 학생들과 학부모를 포함해 각계각층의 더 많은 사람들이 함께 고민했으면 좋겠다.

나는 '약속의 연필Pencils of Promise'이라는 재단에서 이사로 활동 중인데, 이 단체에서는 가나·라오스·과테말라 같은 전 세계의 빈곤 국가에 학교를 지어 주고 있다. 낙후되고 빈곤한 지역일수록 학교와 교육이 꼭 필요하다고 나는 생각한다. 인터넷과 SNS가 전 세계에 퍼져 다양한 교육과 기회를 제공하고 있는데, 아직 그렇지 못한 저개발 국가에서는 학교가 가장 중요한 교육의 관문이기 때문이다.

교육은 다양한 형태로 나타날 수 있다. 원하는 강의를 인터넷에서 비교 선택해 들을 수도 있다. 내가 지금 NFT에 대해 배우는 것처럼, 유튜브나 트위터에서 콘텐츠를 소비하면서 배우고 싶은 것은 얼마든지 배울 수 있다. 그 출발은 호기심에서부터 시작된다. 그리고 이때 내가 처한 상황과 필요한 것 등 다른 무엇보다 자기 자신에 대해 정확히 아는 것이 중요하다.

◆

성공으로 향하는 여러 가지 요소 중 가장 강력한 것이 호기심이다. 이 책의 12가지 요소들에 순위를 매기고 싶지는 않지만 어쩔 수 없이 고른다면, 나는 확신과 끈기보다 호기심과 겸손을 더 앞에 둘 것이다. 세상을 향한 관심은 물론, 내가 얼마나 큰 사업을 할 수 있을지, 사람들에게 얼마나 선한 영향을 줄 수 있을지 궁금한 것도 바로 호기심이다. 호기심은 끝이 없기 때문이다.

───

좋아하는 SNS 플랫폼에 '호기심 미션'을 시작했다는 글을 올리고, 팔로워들에게 자신이 관심 있는 분야에 대한 유튜브 영상 링크를 공유해 달라고 요청해 보자.

추천을 받기 전에는 관심도 없었던 분야에 대해 20시간을 투자해 읽고, 듣고, 영상을 시청하라. 흥미가 전혀 느껴지지 않더라도 참고 전념해 보는 것이다.

나중에 예상치 못한 분야에서 내 관심을 끄는 것이 나타나 놀라움을 금치 못하게 되는 순간이 분명히 올 것이다.

부와 성공을 부르는 12가지 원칙

9

◆

Patience

인내심

화내거나 속상해하지 않고 어떤 문제와 고통을 받아들이거나

참을 수 있는 능력

'인내심'을 설명한 글을 볼 때마다 내 입가엔 미소가 번진다.

SNS에서 나를 팔로우하는 사람들은 내가 인내심에 대해 너무 많이 이야기하는 것에 지쳤을 것이다. 하지만 나는 앞으로도 그만둘 생각이 전혀 없다. 내가 만나는 모든 사람들의 머릿속에 앞으로도 이 단어를 주입할 것이다.

인내심은 내 인생에서 너무나도 아름다운 선물이었다. 나는 '화내거나 속상해하지 않고 어떤 문제와 고통을 받아들이거나 참을 수 있는 능력'이라는 그 뜻을 생각할 때마다 감탄해 마지않는다.

만약 천국에 가서 나를 형용하는 단어를 하나 골라 내 몸에 걸어야 한다면 바로 '인내심'일 것이다. 내가 가장 편하고 기분 좋게 느끼는 성공의 원칙이 바로 인내심이기 때문이다.

나는 초등학교부터 대학교까지 모든 학교 교육과정에서 인내심을 꼭 가르쳐야 한다고 생각한다. 아이가 어려서부터 인내심을 키우는 데 더 주력해야 한다는 걸 많은 부모들이 깨달았으면 좋겠다. 인내심을 배우지 않고 무조건적인 사랑만 받으며 자란 아이들은 성장했을 때 인간관계든 공부든 내 뜻대로 잘 풀리지 않으면 당황한다. 너무 심하면 희망을 버리거나 외면하거나 분노조절이 되지 않아 문제를 더 키우기도 한다. 그래서인지 요즘에는 자신감이 없고 불안한 청소년들을 많이 보게 된다.

성인들도 크게 다르지 않다. 인내심을 키우고 훈련을 받을 기회가 부족했기 때문에 이 복잡한 세상에서 늘 불안함을 느끼며 살아갈 수밖에 없다.

◆

나는 그동안 많은 사람들을 만났다. 그중에서 특히 기억에 많이 남는 사람들은 길든 짧든 나와 함께 일하며 한솥밥을 먹었던 사람들이다. 그들 중에는 실력과 재능을 겸비하고도 인내심 부족으로 쉽게 무너지는 사람들이 적지 않았다. 성과와 실적과는 상관없이 너무 높은 연봉과 초고속 승진을 기대했지만, 기대가 충족되지 않으면 잠시도 기다리지 않고 화를 내며 사표를 쓰는 사람도 있었다. 그렇다 보니 조직 속에서 한마음으로 협력하여 한 걸음 한 걸음 성장하고 공동의 목표를 이루는 시나리오는 이제 찾아보기 힘들다.

단기간에 자신의 존재를 증명하고 싶은 이들은 결과에만 집착할 뿐 과정에는 별로 관심이 없다. 일의 과정을 즐길 줄 아는 사람들은 그렇지 못한 사람들에 비해 꼼꼼하고 여유롭게 일하고, 당연히 결과도 더 좋을 수밖에 없다는 걸 왜 모르는지…. 다른 사람들이 나를 어떻게 보는지에 너무 신경을 쓰는 건 우리가 저지르는 흔한 실수 중 하나일 것이다. 때로는 내가 하고 있는 일보다 그것이 더 중요하게 느껴진다. 인내심이 바닥나는 건 그런 순간일 경우가 많다.

'30세에 연봉 얼마, 40세에 수입 얼마' 하는 식으로 현실과는 동떨어진 무리한 목표를 세우면 일상이 초조하고 불안해진다. 그런 목표 속에서 미친 듯이 일에 매달리면 어느 날 번아웃이 올 수밖에 없다. 자존감은 떨어져 회복하기도 어렵다.

불안감의 대부분은 자신감과 인내심의 부재에 있다고 해도 과언이 아니다. 거기에 조급증까지 더해지면 결과는 참담해진다.

경제적으로 성공한 친구들이 아버지의 와인 가게에 술을 사러 와서 일하는 나를 불쌍하다는 눈빛으로 바라보았을 때, 나도 조금은 마음이 흔들렸다. 그러나 인내심 덕분에 그 시선에 연연하지 않을 수 있었다.

◆

나는 아직도 이루고 싶은 것이 너무 많다. 어떤 사람들은 내가 이미 많은 것을 이루었다고 볼 수도 있겠지만 나는 멀었다고 생각한다. 현재 내 나이 46세(1975년생)이다. 아직 충분히 젊은 나이다. 빨리빨리 하며 서두르고 싶지 않다. 다음 46년이 더욱 기대될 뿐이다.

강연을 통해 만나는 청년들에게 나는 그들이 세상에서 가장 소중한 것을 가지고 있다고 만날 때마다 일러준다. 바로 '시간'이다. 시간은 세상에서 가장 소중한 자산이다. 지금 이 책을 읽는 독자가 22세의 청년이라면 내 말에 귀담아 주기 바란다. 그대는 아주 소중한 자산을 가지고 있으니 결코 흔들리거나 조급해하지 말기 바란다.

이 책을 읽는 독자가 60대 중후반이라도 같은 이야기를 하고 싶다. 당신이 13세, 23세, 33세에 꿈꾸었던 것일지라도 아직 늦지 않았다. 25년 정도는 너끈히 활동할 수 있다. 새로운 꿈을 꿀 수도 있다. 당신의 호기심에 기대어볼 시간은 충분하다.

이처럼 인내심은 나이 고하와 직업과 직급에 상관없이 누구에게나 꼭 필요한 요소이다. 만약 당신이 CEO나 조직의 리더로서 인내심이 뛰어나다면 직원들이 성장하고 발전할 수 있는 기회를 더 많이 줄수 있다. 직원들의 작은 실수도 용납하기 어려웠는데 언젠가부터 꽤큰 실수에도 화가 나지 않는다면 당신은 엄청난 성장을 이룬 것이다. 인재를 발탁하여 교육하고 훈련하는 보람과 즐거움은 세상 무엇과도 비교할 수 없다. 좋은 안목도 실력이니까! 나 자신을 믿고 인내하는 만큼, 다른 사람도 믿고 기다려 줄 수 있다.

◆

        다른 원칙들과 마찬가지로, 인내심은 앞에서 말한 '친절한 솔직함'과 균형을 이루어야 한다. 인내심만 붙잡고 있으면 미련하다고 오해를 사기 쉽다. 과거 안 좋게 끝났던 사람들과의 관계를 되짚어 보라. 인내심을 너무 오래 붙잡고 있었던 경우가 대부분일 것이다.

    업무를 성실히 수행하지 않거나 너무 잘난 체해서 팀 분위기를 해치는 직원이 있다면 '친절한 솔직함'이 발휘될 필요가 있다.

    내가 SNS에 인내심과 관련된 콘텐츠를 공유하면 '말은 쉽지'라는 댓글들이 많이 달린다. 나도 안다, 말은 쉽지! 그런데 그렇게 부정적이고 단정적으로 말해 버리면 무슨 말을 해야 하나? 다시 한번 강조한다.

    인내심은 당신이 더 큰 꿈을 꿀 수 있도록 도와주는 꼭 필요한 도구이다.

---

1   스마트폰의 달력에 '시간은 충분해'라는 일정을 만들고, 앞으로 10년 동안 6개월마다 오전 9시에 반복이 되게 설정하자.

2   10년, 20년, 30년 목표를 정해서 간단한 설명과 함께 SNS에 올려보자.

46세의 나는 오늘도 내가 출발점에 서 있으며 70대에도 80대에도 왕성한 활동을 하고 있을 거라고 되뇌인다. 나 자신에게 하는 이야기다. 이런 이야기는 좀 달콤하기도 하고 인내심을 상승시켜 주는 효과가 있다.

"80대에 나는 세상을 돌며 강연을 할 것이다. 나를 바라보는 청년들의 눈빛에서 더 큰 힘을 얻게 되겠지!"

10

◆

Conviction

확신

확고한 신념 또는 의견

나는 왜 'NFT가 인간의 창의성에 혁명을 일으킬 것'이라고 공개적으로 선언하는 걸까? 아직 이렇게 말하기엔 시기상조일 수도 있고, 어쩌면 내 예측이 틀릴 수도 있지 않을까?

　확신을 널리 선포하는 것은 위험천만한 일이다. 하지만 확신은 나에게 종교와도 같다. 나는 정말 그렇다고 확신하기 때문에 그렇게 말할 수밖에 없다. 특히 사업적인 확신은 나로서도 어쩔 수 없다. 확신이 서면 그 누구도 나를 막을 수 없다.

　확신은 사람들로 하여금 끈기를 가지고 길을 떠나게 해준다. 확신이 없나면 큰 기회를 놓치기 쉽고, 그게 만약 다른 사람의 의견 때문이라면 비극적인 결말이 아닐 수 없다.

　일론 머스크, 워런 버핏, 오프라 윈프리, 그리고 제프 베조스가 한

꺼번에 몰려와 NFT가 별로 신통할 게 없다고 말해도 나는 그들의 의견에 귀 기울이지 않을 것이다. 그들이 아무리 성공한 사업가이고 유명인이라 해도 그들의 개인적인 의견은 나를 흔들긴 어려울 것이다. 사업에 성공했다고 해서 모든 걸 맞출 수 있는 것도 아니고, 그들은 전지전능한 신이 아니기 때문이다. 하지만 7년 후 아무도 NFT를 사지 않는다면 그 결과는 나의 생각을 바꿀 수도 있다. 구체적인 데이터에 의한 결과니까 말이다.

◆

　　　　평소 나는 내가 모르는 주제에 대해서는 이렇다저렇다 의견을 남발하지 않는다. 나는 화성이나 목성에 관심도 없고 이에 대해서는 아무런 의견도 없다. 하지만 나는 1994년에 범생이들이 어느 집 지하실에서 컴퓨터를 켜놓고 인터넷이라는 것을 통해 대화하는 모습을 보고 큰 충격을 받았다. 나는 머지않은 미래에 온 세상이 인터넷 세상이 될 것이라는 사실을 직감적으로 알았다.

포켓몬고의 유행 또한 이미 실제로 보았기 때문에 증강현실에 대해서도 기대가 큰 편이다. 사람들이 길가에 차를 세우고, 존재하지도 않는 숲에서 피카츄를 잡기 위해 차에서 뛰어내리는 것을 목격했다. 그 숲은 지도상에 존재하지 않는 숲인데 가상현실에서는 분명 존재했던 것이다. 실제와 가상이 절묘하게 결합한 증강현실 세계는 정말 너무 신기해서 사람들의 혼을 쏙 빼놓았다. 그리고 아직도 그 열기는 식지 않았다.

아이들이 포트나이트를 하거나 온라인 굿즈를 구매하는 모습을 보고 어른들도 저 대열에 곧 합류하리라는 걸 알았다. 실제로 2010년 페이스북에서 '팜빌' 게임을 하는 많은 어른들을 보았다.

나는 인구 3억인 미국의 새로운 동향과 트렌드에 관심이 많다. 그리고 어떤 문화가 새로 형성되고 있는지 내 눈으로 직접 확인하는 편이다. 당연히 호기심이 그 원천이다. 끊임없는 호기심과 뛰어난 공감 능력, 그리고 강한 확신을 가졌으니 그토록 바쁜 것도 무리가 아니다.

물론 나의 확신은 직감에서 오지만 사실 내가 무조건 옳다고는 생각하지 않는다. 하지만 세월이 지나며 나의 직감이 대부분 맞았다는 것을 알고 나니 더욱더 나 자신을 신뢰하게 되었다.

◆

사람들은 내가 확신하는 바를 말하면 처음에는 "아니야"라고 부정하고, 시간이 좀 지나면 "그럴 수도 있겠다"고 했다가, 나중엔 "어떻게 그걸 예측했어?"라고 물어본다. 하지만 이 결과는 솔직히 나의 직감과 확신일 뿐이다. 그렇기 때문에 다른 이들의 반응에 신경 쓰지 않고 나의 확신에 따르고, 내 선택이 옳았다는 게 설령 증명되지 않더라도 후회는 하지 않는다.

예를 들어 부모님의 반대를 무릅쓰고 높은 연봉을 받던 직장에 사표를 내고 의류사업에 뛰어들었다고 하자. 그렇게 시작한 사업의 결과가 좋지 않더라도 내가 꿈꾸던 일을 실행하고 경험해 봤다면 그것만으로도 의의가 충분하다고 난 생각할 것이다. 그 경험을 토대로 다시 시작하면 되니까! 부모님을 뵙는 것이 좀 신경 쓰이겠지만 후회는 하지 말자. 오늘이 인생의 마지막 날이라 가정해 보면 해보고 싶었던 걸 해봤으니 세상 떠날 때 홀가분할지도 모른다.

이처럼 나는 구체적인 결과에 맞닥뜨릴 때까지는 나의 확신을 고수한다. 그리고 일이 잘못되었을 때에는 내가 옳다고 우기지 않고 나의 확신을 조금씩 조율할 줄 안다. 다행히 시간이 흐르면서 나는 조금씩 더 유연하고 부드러워지고 있다. 확신을 표출하는 방식도 부드럽고 사려 깊어졌다.

예나 지금이나 난 노력의 중요성을 믿지만, 그 생각도 조금씩 바뀌고 있다. 내 일에 대한 사랑과 확신 없이 노력은 지속이 불가능하다. 그러므로 더욱 자신을 믿고 앞으로 나아가야 한다.

◆

자신의 직업이 마음에 안 들어 고민 중이라는 사람들을 많이 본다. 생계 때문에 마지못해 하는 일이라면 하루하루가 얼마나 힘들까? 그런데 의외로 자신의 일과 직업에 만족하는 사람들이 생각보다 많지 않다.

리더십도 부족하고 사업가 체질이 아닌데 사업을 하느라 힘든 사람도 있고, 정해진 시스템 안에서 주어진 일만 하며 월급을 받는 게 불만인 사람들도 많다. 어떤 길을 선택하든 CEO나 리더에겐 더 큰 책임이 따른다는 사실을 잊지 말아야 할 것이다.

내가 세상에서 제일 좋아하고 잘할 수 있는 일이 무엇인지 알고 확신 속에 일한다면 그보다 멋진 삶은 없을 것이다.

시간이 지날수록 더 확신이 강해졌던 믿음을 하나 적어보자.

_____

_____

예전에는 확고했는데 최근에 생각이 바뀐 믿음이 있다면 적어보자.

_____

_____

두 개의 믿음을 적으면서, 확신에 대해 지금은 무엇이라 생각하는지 적어보자.

_____

_____

11

◆

Humility

겸손

남을 존중하고, 자신을 내세우지 않는 낮은 태도

나는 사실 이 뜻풀이를 싫어한다. 남을 '존중'한다는 표현에는 동의하지만, 겸손이 왜 자신에 대한 '낮은' 태도란 말인가?

나는 내 커리어에 대한 자부심과 함께 야망 또한 크지만, 그 야망에 취하지는 않는다. 무언가에 너무 취해 있는 건 보기에도 좋지 않다. 프린스나 데이비드 보위 같은 전설적인 스타나 영향력 있는 정치인이 세상을 떠나면 세상은 애도에 잠기지만, 그 기간은 길지 않다. 물론 팬이나 추종자들에 따라 다르겠지만 보통 사람들은 잠시 고개를 숙여 애도하고는 자신의 길을 간다. 그래서 나는 내가 이 거대한 우주에서 얼마나 작고 하찮은 존재인지 늘 잊지 않으려 노력한다. 아무리 많은 칭송이 쏟아져도 나는 내가 남보다 더 특별하다거나 우월한 사람이라고 생각하지 않는다.

만약 당신이 사람들로부터 늘 긍정적인 평판을 얻고 존경받고 싶다면 '겸손'은 필수조건이다. 특히 사람들을 이끄는 리더의 경우는 겸손함 없이 성공을 지속할 수 없다. 돈을 많이 버는 것과는 별개의 이야기다. 물론 조직이나 구성원에 따라서는 뛰어난 능력을 가진 자신만만한 리더를 더 선호할 수도 있겠지만 그런 리더들은 결국 마지막에 안 좋은 이야기를 듣는다. 그런 면에서 나는 겸손이야말로 인간이 가질 수 있는 품위 있는 매력 중 최고라고 생각한다.

◆

나를 모르는 사람들이 내가 최고라 여기고, 나를 가장 잘 아는 사람들이 내가 최악이라고 생각한다면 어떨까? 나는 사람들이 이 질문을 꼭 한 번은 해봤으면 좋겠다. 다른 사람이 아닌 나 자신에게 말이다.

겸손과는 거리가 멀고 자기만 잘난 줄 아는 사람이 큰 성공을 이루는 모습을 보면 사람들은 어떻게 생각할까? 기쁜 마음으로 축하해 주기보다는 잠시 미묘한 기분에 빠질 수 있다. 특히 그 사람과 가까운 친구나 동료들이 그런 마음을 품는다면 그의 성공은 재고해 봐야 한다. 그것이 과연 진정한 성공일까? 나는 가끔 혼자 이 질문을 해본다.

'성공이란 무엇인가?'

'생의 마지막 날이 왔을 때도 나는 성공한 삶을 살았다고 자인할 수 있을까?'

아무리 부자가 되고 유명한 사람이 되어 사람들의 입에 오르내린다 해도 그게 성공을 뜻하는 게 아니란 걸 아는 사람은 다 알 것이다. 함께 기뻐하지 않고 뒤에서 손가락질하는 사람이 많다면 그 성공은 결코 성공이라 할 수 없다. 그것은 실패한 삶이다. 나는 결코 그렇게 살고 싶지 않다.

◆

　　　　　내가 공개하는 콘텐츠 중에서 '겸손'은 가장 까다로운 것 중 하나이다. 나와 가까운 사람들이 나와 항상 함께하는 이유가 내가 오만하지 않기 때문이라고 생각한다면 겸손과는 너무 거리가 먼 걸까?
　평소 열정적인 나의 모습에서 겸손을 떠올리기는 쉽지 않을 것이다. 특히 내가 SNS에 올리는 콘텐츠를 보는 사람들은 더욱 오해하기 쉽다. 경쟁심을 조장하는 듯한 공격적인 말투라는 지적을 받은 적도 꽤 많다.
　나는 누군가와 경쟁할 때에는 무섭게 집중하지만 지는 순간 겸손해진다. 내가 졌다는 사실과 결과를 온전히 받아들인다. 승리만을 목표로 했다면 그러지 못했을 것이다. 내가 경쟁에 집중하는 것은 그 과정을 즐기기 때문이다. 그래서 원하는 결과가 나오지 않았다고 해서 오래도록 상심에 빠지지 않는다.

◆

　　　　겸손은 안전함과 함께 유연성을 선사한다. 겸손하면 그때그때 상황에 맞는 대처가 가능하다. 사업자금이 부족하면 더 작은 평수의 아파트나 집으로 옮기면 된다. 그보다 더 비상상황이라면 산이나 시골로 가서 컨테이너 집에서 살 수도 있다. 농담이 아니다. 아침에 기상하면 웃는 얼굴로 동네를 산책하다 만난 이웃의 도움으로 그의 집에서 샤워를 하고 상쾌하게 하루를 시작할 수 있다. 자존심이 상할 이유가 없다. 누군가의 도움을 받으면 내가 도와줄 수 있는 일은 없는지 살펴서 갚아 주면 된다. 나는 얼마든지 생활방식을 바꿀 수 있고 살림이 줄어들어도 무방하다. 그렇게 사는 사람이 얼마나 많은데 나라고 그렇게 살지 말라는 법은 없지 않은가.

　사업에 실패했을 때 가장 힘든 건 주위 사람들의 시선이라는 말을 들은 적이 있다. 경제적인 어려움은 노력으로 극복할 수 있지만, 사람들에게 받은 상처는 깊은 나락으로 이끈다. 그런데 생각해 보자. 사람들의 시선이 무슨 상관인가! 실망을 끼친 사람이 있다면 하루빨리 재기하여 그 믿음을 회복하면 된다. 그렇게 생각하고 심기일전하면 되는 것이다.

　희망을 가졌던 일이 잘 안 되었을 때 나는 맨 먼저 왜 이런 결과에 이르렀는지, 무엇이 문제였는지 꼼꼼하게 살펴본다. 그런 후 책임이 있으면 스스로 책임을 진다. 나의 사업방식에 문제가 있었을 수도 있고, 오판이나 방심이 원인이었을 수도 있다. 그러니 나의 책임을 회피하지 않고 받아들이는 것이 첫 번째로 내가 할 일이다.

모든 일이 그렇듯 첫 발자국을 잘 떼기만 해도 새로운 가능성의 빛이 보이게 마련이다. 감사와 긍정과 공감과 인내심 등 나의 모든 장점을 하나도 놓치지 말고, 모든 무기를 장착하여 새로운 출발선에 선다. 나의 12가지와 1/2의 원칙을 섞어 최대한 활용한다. 어떤 상황에 어떻게 대처해야 하는지는 당황하지만 않으면 답이 나온다. 이때 겸손은 다른 요소들을 이끌어 최상의 상황을 만드는 일등공신이다.

◆

여기서 경제적인 부분을 언급하지 않을 수 없다. 하지만 말이 쉽지, 연봉 1억인 사람이 어느 날 갑자기 7,000만 원으로 3,000만 원이나 삭감되면 대혼란에 빠지게 된다. 생각만 해도 등골이 오싹해지는 상황이다. 그런데 그마저의 수입도 여의치 않다면?

집과 차를 작은 것으로 바꾸고 허리띠를 졸라매도 상황은 나아질 기미가 보이지 않는다. 이럴 때 사람은 내공이 드러난다. 소비를 더 줄일 의향이 있고 그럴 자신이 있으면 당당해진다. 지금보다 더 안 좋은 상황에 처하게 될까봐 겁만 먹지 않으면 된다.

뜻이 있는 곳에 길이 있다. 나만의 개성을 내세운 유튜브 채널을 여는 것도 좋은 방법이다. 너무 어렵게 생각하지 말고 지금 가장 핫한 유튜버나 인플루언서들을 잘 살펴보면 작은 길이 보일 것이다.

내가 누구인지 잘 아는 겸손한 사람이라면 더 쉽다. 과장하거나 흉내 내지 않고 작고 알찬 채널로 사람들의 시선을 끌 수 있다. 만약 개인 브랜드를 키우고 싶다면 자신의 사진이나 영상을 인터넷에 올릴 때 좀 더 많은 신경을 써야 한다. 욕심이 앞서 내용은 부실한데 과욕이 그대로 드러나는 콘텐츠는 식상함만 안긴다는 사실을 잊으면 안 된다.

겸손은 욕심을 모두 버려 맑고 차분한 모습으로 나타난다. 이게 어떻게 눈에 띌까 싶겠지만 사진 한 장에도 짧은 글에도 그대로 드러나 사람들의 시선을 사로잡는다. 예쁘고 화려한 것, 비싼 것, 새로운 것만 좇다 보면 결코 보이지 않는 부분이다. 그렇게 한 걸음 한 걸음 앞으로 나아가다 보면 길이 생긴다.

◆

분명 신경이 쓰이는 문제들인데 안이하게 미루고만 있다 보면 돌이킬 수 없는 상황에 처하기 쉽다. 불성실하고 팀 분위기를 흐리는 직원을 눈치만 보며 그대로 두면 어떻게 될까? 그것은 겸손과는 아무 상관이 없다. 리더로서 무책임한 것이다. 문제가 분명한 것은 집어내어 잘못된 점을 고치는 것이 업무의 효율성으로나 팀의 분위기로나 꼭 필요하다.

내 선택과 행동의 중심은 겸손함이지만 상황에 따라 탄력적으로 운용된다. 내가 내린 결정들에 집착하고 미련을 두지는 않는다는 뜻이다. 더 좋은 것이 있으면 언제든 바꿀 수 있다.

예를 들어 내가 지금 NFT에 아주 관심이 많다고 해도, 그것이 전부는 아니라는 것이다. 더 중요한 무언가가 나타난다면 NFT는 당연히 뒤로 밀려날 것이다. 자연스러운 흐름에 맡겨두는 것도 좋은 선택이 될 것이다. 그것이 또한 겸손 아닐까.

내가 좋아하는 겸손의 뜻은 '세상 속 자신의 위치에 대해 편안하게 이해하는 것'이다. 옥스퍼드 영문사전보다 이게 더 정확한 뜻이라고 생각한다.

──

5분 동안 생각나는 자신의 단점을 빠트리지 말고 모두 적어본다. 그리고 그 메모를 냉장고나 책상 앞이나 거울 옆에 붙인다. 그리고 사진을 찍어 SNS에 올려보자.

_____

_____

_____

_____

12

◆

Ambition

야망

성취하고자 하는 강한 욕망으로,
결단력과 노력이 필요하다

11년 후, 혹은 그다음 해 나 아닌 다른 사람이 뉴욕 제츠 미식축구 팀을 인수한다면 무슨 일이 일어날까?

　나를 비웃는 사람들이 많아질 것이다. 뉴욕 제츠 미식축구팀의 구단주가 되는 것이 나의 꿈이었고, 나는 겁도 없이 그 사실을 공언했다. 그런데 다른 사람이 그 팀을 인수하다니…. 사람들이 SNS로 쑥덕이는 광경이 눈에 선하다.

　내가 지금까지 해온 말들을 전부 기억하고 왜 실행하지 않느냐고 추궁한다면 나로서는 할 말이 없다. 만약 그렇게 되면 나는 엄청난 거짓말쟁이나 실패자로 추락할 것이다. 설령 내가 조 단위의 돈을 벌어 역사상 가장 성공한 사업가 중 하나가 된다 하더라도, 뉴욕 제츠를 인수하지 못한다면 세상은 나를 실패자로 여길 것이다.

신기하게도 나는 이런 상상 자체가 즐겁다. 내가 만약 뉴욕 제츠를 인수한다면 최고의 성공 스토리 하나가 탄생할 것이다. 그러지 못한다면 목적이 아닌 여정을 위한 삶도 중요하다는 교훈을 얻게 될 것이다.

결과와 상관없이, 나는 이미 성공했다. 뉴욕 제츠를 인수하겠다는 목표를 설정하니 그 자체가 사람들의 관심을 끌었다. 이러한 관심은 나에게 무한한 행복을 주었고, 사업을 키울 수 있는 기회도 주었다. 내가 풀고 맞춰야 하는 거대한 퍼즐처럼, 수많은 조각들을 하나하나 모으는 그 과정 자체가 너무 즐거웠다.

내가 향후 30년 동안 이루고 싶은 목표를 간략히 소개하면, 과소평가된 한 대형 브랜드를 인수해 폭발적으로 성장시키고, 이를 수십억 달러에 매각하고, 뉴욕 제츠를 인수하는 것이다. 나는 그 목표를 이루기 위해 먼저 베이너미디어를 최대한 성장시키고 있다. 글로벌 대기업과도 손을 잡게 되면서 나는 그들의 운영방식을 배우고 있는 중이다. 그리고 베이너미디어의 역량을 총동원해 앞으로 내가 인수하는 브랜드를 성장시킬 수 있도록 기반을 구축할 것이다. 새로운 브랜드를 만들거나 생각지도 못한 사업을 벌이게 될지도 모른다. 어쨌든 나는 베이너미디어의 인프라를 통해 다가오는 기회들을 무한정 확장시켜 나갈 계획이다.

◆

　　　　　사람들은 '야망'을 종종 불온한 뜻으로 해석한다. 야망이 열등감과 불안을 가리기 위해 잘못 이용되는 경우가 많아서 그럴 것이다.

　그렇다면 야망은 무엇일까? 사업에 큰 성공을 거두어 부자가 되거나 조직의 최고 높은 직책에 이르러 권력을 행사하는 정도가 야망일까? 그런데 그 은밀한 야망의 이유가 부모님과 애인, 아니면 자신을 무시했던 고등학교 친구들에게 자랑하기 위함이라면 누구든 실소를 금할 수 없을 것이다.

　사람들은 자신의 인생 목표에 타이머를 작동시킨다. 나이와 연도 등의 시간적인 제한을 둔다. 그런데 나는 뉴욕 제츠를 30대나 40대에 꼭 인수하겠다고 결심하진 않았다. 나의 목표는 과시용이 아니기 때문이다. 나는 언제나 타인을 위해서가 아니라 나 자신을 위해 노력한다. 60대, 70대 혹은 그 이후에 목표를 이루어도 충분히 행복하다.

　오래전 내가 꽤 긴 시간 솔직함과 부정적인 생각을 잘 구분하지 못했던 것처럼, 그리고 끈기와 번아웃을 연결하는 사람들이 많지 않은 것처럼, 어떤 이들은 야망과 비열함을 잘 구분하지 못한다. 그들은 야망에 취해 자신의 목표를 향해 달려가며 소중한 것을 망치는 리더들을 멋지다며 추종한다. 나는 그런 인식을 바꾸고 싶다. 잘못된 것들을 바로잡고 싶다.

◆

        좋은 의미에서 야망은 건강하고 즐거운 것이다. 앞뒤 살피지 않고 자기 기분에 취해 폭주하는 그런 것이 아니다.

    나는 매일 아침 일어나 기분 좋게 오늘 해야 할 일과 앞으로 해야 할 일을 생각해 본다. 가볍게 브리핑하듯이…. 꿈을 이루는 것에 너무 조급해하지 않는다. 나는 언젠가 내 꿈을 이룰 것이라 확신하지만, 무슨 수를 써서라도 이룰 생각은 없다. 차근차근 한 걸음씩 발걸음을 옮길 뿐이다.

    야망은 내게 있어 싱싱한 당근과도 같다. 그 자체로 보기 좋고 건강하다는 뜻이다. 내가 이루고 싶은 꿈이 무엇이고 그것을 왜 이루어야 하는지 생각해 보자. 사람들에게 멋있게 보이고 존경받고 싶어서인가? CEO로 성공해 프로구단을 인수하는 건 남자들의 귀여운 로망이긴 하지만, 스포츠와는 상관없이 단지 멋진 사람으로 보이고 싶어서라면 다시 한번 생각해 보는 게 좋을 것이다.

    '높은 연봉의 안정적인 직장'도 야망이라기엔 어쩐지 매치가 잘 안 되는 느낌이다. 잦은 해외여행, 넓은 집 등 그런 이유 말고 좀 더 유쾌하고 큰 뜻은 없을까?

    내가 많은 사람들 앞에서 나의 야망에 대해 숨기지 않고 이야기하는 건 그만큼 나에게 책임감을 안겨주기 때문이다. 그리고 한마디 덧붙이면 실패해도 괜찮다고 생각하기 때문이다.

    다양한 사람들과 만나 소통하고 이야기를 공유하는 시간들이 너무 좋고 소중하다. 그리고 그 이야기를 이렇게 한 권의 책으로 묶어 내는 작업도 멋지다. 이것이 내가 좋아하는, 앞으로도 계속될 나의 일이라 생각하기 때문이다.

———

셀카 영상으로 인생 최고의 꿈을 찍어 SNS에 올려보자.

이번 기회에 자신의 꿈과 야망에 대해 더 큰 관심과 책임감을 가졌으면 한다. 혹시 꿈을 이루지 못해서 어느 날 사람들의 비웃음을 받을까 염려하지 말라. 야망도 단련이 되는 것이다.

다른 사람들의 평판에 흔들리지 않도록 스스로를 단련시켜라. 숨어서 하지 말고 당당하게!

12

AND A HALF

Part 2

당신의 인생을 바꿔 줄
35가지 조언

스테이크나 생선, 샐러드 요리는 사용하는 재료에 따라 형태가 바뀐다. 또 샐러드는 드레싱이나 추가되는 토핑에 따라 맛이 완전히 달라진다. 소금이 부족하면 맛이 밋밋하고, 너무 많이 넣으면 짜다. 마찬가지로 Part 1에서 소개한 나를 성장시키는 12가지 요소들은 적절히 섞여야 효과가 크다.

이제 Part 2에서는 우리가 실제 일상 속에서 겪는 다양한 사례들을 살펴보며 이런 상황에서 각각의 요소들을 어떻게 활용할 수 있는지 구체적인 방안을 제시하고자 한다.

우리는 살면서 다음과 같은 상황을 자주 마주칠 것이다.

- 동기가 먼저 승진할 때
- 상사의 눈에 띄어 성과를 인정받고 싶을 때
- 연봉 인상을 위한 협상이 필요할 때
- 번아웃에 빠졌을 때
- 팀의 발전이 필요하다고 느낄 때
- 갑자기 관리자 역할을 맡았을 때
- 동업자가 횡령을 저지른 사실을 알았을 때

여기서 소개하는 35가지 시나리오들은 내가 받은 문자, SNS 댓글, 일상 속 대화, 그리고 강연 중 청중의 질의응답들을 기반으로 정리한 것이다. 이 다양한 시나리오들을 보면 당신이 지금 처한 상황과 매우 비슷한 부분도 있을 것이다. 나의 피드백을 참고해 어떻게 대응하는 것이 가장 합리적이고 좋을지 함께 고민해 보자.

Scenario
1

동기가 먼저 승진할 때

당신과 동기 A는 비슷한 시기에 입사했다.
업무능력은 서로 비슷하며, 주위에서는 소속 팀원 10명 중에서
두 명이 가장 뛰어나다고 평가하고 있다. 하지만 연말을 앞두고
A는 승진 대상자 물망에 올랐는데, 당신은 그런 기회를 얻지 못했다.
이런 상황에서 당신은 어떤 행동을 취할 것인가?

●

　이 상황에서 나의 머릿속에 가장 먼저 떠오르는 건 '친절함'이다. 내가 승진 대상에 오르지 않았다고 해서 서운함과 분노를 표출하기보다 동기 A의 실력을 인정하고 축하하면 마음이 한결 가벼워질 것이다. 마음을 편하게 가지고 나의 성과에 대한 솔직한 피드백을 받기위해, 인사권자(상사 등)에게 면담을 요청하고 이렇게 질문해 보자.

　"A가 일을 너무 잘하고 있기 때문에 승진이 당연한 것이라 생각합니다. 너무 기뻐요. 전폭적으로 존중하고요. 그런데 그 결정은 어떤 부분에 주안점을 두신 것인지 궁금합니다. 저도 참고하고 싶습니다."

　이때 상사가 어떤 피드백을 해주던 간에 그의 대답은 절대적인 판단기준이 아니라는 사실을 기억하라. 한 사람의 주관적인 의견일 뿐이다. 그 상사는 자신이 느낀 대로 본 대로 결정을 내린 것에 불과하다.
　참고로 우리 회사는 나와 팀장이 직원들의 업무능력을 지켜보고 승진 등의 결정을 내린다. 그런데 내가 아무리 팀원 개개인이 하는 일에 관심이 많고 식감이 좋다 해도 바쁘다 보니 놓치는 것이 많을 수밖에 없다. 또 어떤 관리자나 뛰어난 리더라도 조직에서 일어나고 있는 세세한 일과 직원들 개개인의 능력에 대해 전부 알 수는 없다.

그러니 상사가 당신보다 동기 A가 더 유능하고 일을 잘한다고 판단했다고 해서 스스로를 자책할 필요는 없다.

상사를 만나 대화할 때 가장 조심해야 할 것은 감정적인 대응이다. '친절한 솔직함'이 아닌 분노나 격한 감정으로 면담을 시작하면 그것만으로도 감점 요인이 된다. 그 짧은 순간의 만남에 자신이 선택받지 못한 서운함과 분노를 그대로 드러내면 좋은 인상을 얻기 힘든 건 물론이고 커리어에 치명상을 입을 수도 있다.

어떤 일이건, 어떤 상황에서건 감정을 조절하지 못하고 자리를 분간하지 못하고 격하게 쏟아내면 좋은 결과는 기대할 수 없다.

Scenario 2

상사가 안 좋은 피드백을 줄 때

◇

상사가 당신에게 "더 적극적인 모습을 보고 싶다"라고 말한다.
하지만 당신은 최근 팀의 성과를 위해 새로운 아이디어를 제안하는 등
열심히 노력했기에 놀랍고 당혹스럽다.
팀원들과도 꾸준히 새로운 아이디어를 공유하고 서로 관계도
좋은데 말이다. 무엇을 더 해야 하는 걸까?

●

상사나 클라이언트가 예상치도 못한 안 좋은 피드백을 준다면, 당신의 의문을 어떻게 전달하는지가 회사생활의 미래를 결정할 수 있다.

"조금만 더 자세히 알려주시겠어요?"

이 말을 여섯 번 반복해서 읽어보자.

처음에는, 새로운 직장을 구하는 것이 불가능하다고 생각하는 사람처럼 읽어라. 원망이나 분노가 가득 찬 사람처럼 읽어라. 상사의 능력을 무시하고 얕보는 사람처럼 읽어라.

이번엔 반대로 미래에 대해 한없이 긍정적인 사람처럼 읽어보자. 겸손하고, 호기심 많고, 새로운 것에 늘 목마른 사람처럼 읽어보자. 자연스럽게 남 탓을 하지 않는 사람처럼 읽어보자.

같은 말을 하는데 각각의 표현이 얼마나 다른지 느껴지는가? 상황에 어떤 감정을 이입하는지에 따라 질문의 느낌이 바뀌고 면담 결과가 바뀌는 가능성이 생긴다.

◆

열심히 일하고 있는데 그것을 몰라주는 상사에게

서운함을 느끼는 것은 당연하다. 아무것도 모르는 상사의 무지, 사실 업무현장에서 이것만큼 속 터지는 일도 없을 것이다. 팀이 어떻게 돌아가는지도 모르고 엉뚱한 주문만 하는 상사를 존경하기란 쉽지 않다.

그런데 이렇게 의심하고 속단하며 그를 대한다면 비판적인 그의 피드백에 적절히 대응하지 못할 것이다. 생산적인 대화를 나누기도 어렵다. 실제로 상사에게 지금 무슨 일이 일어나고 있는지는 아무도 알 수 없다. 어쩌면 본인이 무슨 기분 안 좋은 일이 있어서 심기가 불편했을 수도 있고, 그래서 직원의 작은 실수에 화풀이를 한 건지도 모른다. 혹은 건강상의 문제가 생긴 것일 수도 있다.

그러니 '공감'과 '호기심'으로 접근을 해보자. 공감과 호기심을 활용하면, 어떤 행동을 결정하기 전에 상대방의 이야기를 귀 기울여 들을 기회가 생긴다. 더 생산적인 1대1 면담을 위한 준비단계가 되는 것이다.

긍정적이든 부정적이든 피드백을 받을 때는 그것이 한 사람의 주관적인 의견에 불과하다는 사실을 잊지 말아야 한다. 어차피 중요한 의사결정의 경우는 조직 구성원들의 다양한 의견이 모여 내려진다. 조직에서 성과의 평가는 어떤 한 사람의 의견이 아니라 모든 사람들의 의견이 모여 이루어진 결과이기 때문이다.

피드백은 나와 내 업무에 대한 그 사람의 의견일 뿐이고, 아무리 숫자와 데이터를 기반으로 한 피드백이라 할지라도 전부 맞을 수는 없다. 이 사실을 기억하면 한결 마음이 편하다. 물론 피드백을 무시하라는 건 아니다. 참고하되 그것은 그저 한 사람의 의견일 뿐이라는 사실을 인지하는 것이다. 당신의 능력이나 존재에 대한 부정으로까지 과장해서 생각할 필요가 없다.

예를 들어 나보다 테니스를 훨씬 잘하는 친구가 게임 후 나에게 테니스 연습을 더 하라고 한다면 나는 그것을 인정할 수밖에 없다. 그 친구의 실력이 지금의 나보다 뛰어난 건 사실이기 때문이다. 하지만 지금 우리가 보는 시나리오는 상황이 다르다. 절대적으로 누구는 맞고 누구는 틀렸다고 단정할 수 없다.

상사를 멘토로 여긴다면 더 적극적이고 부지런한 모습을 보여달라는 그의 요구를 받아들이고 그렇게 행동하면 된다. 하지만 평소 미덥지 못한 상사가 다분히 악의적으로 무리한 지적과 요구를 해오면 달리 행동할 수밖에 없다.

◆

이 시나리오에서 우리가 기억해야 할 것은 '긍정적인 생각과 순진하게 행동하는 것은 같지 않다'는 사실이다. 무조건 믿고 따르는 것이 능사가 아니라는 점을 명심해야 한다.

공감과 호기심으로 시작하면, 더 자세한 피드백을 받을 기회가 얼마든지 열린다. 그러므로 자기 자신에 대한 책임감과 확신을 가지고 그 상황에 맞는 결정을 내리는 것이 중요하다.

Q "상사의 입장에서는 직원이 최고의 성과를 내도록 어떻게 인도할
수 있을까?"

A 감사함을 표현해야 한다.

CEO로서 나는 직원들이 나와 함께 일하기로 결정해 준 사실이 너무나도 감
사하다. 팬데믹 이후 재택근무까지 포함해 일하는 환경이 더 유연해진 지금,
능력 있는 사람들에게는 더 많은 선택권이 있다. 그래서 누군가가 우리 회사에 새로 입사
했다는 소식을 들으면 너무 감사하고 뿌듯하다.

자신을 직원으로 선택해 일할 기회를 준 회사에 감사해야 한다고 말하는 사람들도 많지
만, 이 세상 수많은 직장 중에 나와 내 회사를 선택해 준 직원들에게도 감사해야 한다. '직
장을 구한 것'과 '직원을 구한 것'은 별반 다르지 않다. 회사도 직원들이 함께하는 것에 감
사해야 한다.

그런데 기업들의 콧대가 높아지면 직원들에게 요구하는 것이 많아진다. 철저히 계산적인
자세를 취하거나, 기대에 부응하지 못하는 구성원에겐 가차없이 대한다. 직원들이 일하고
싶은 분위기를 제공하는 것이 아니라, 최선을 다해 일해야 할 명분을 주지 않는다. 이런
회사는 결코 오래가지 못한다.

당신의 인생을 바꿔 줄 35가지 조언

의욕적으로 시작했는데,
사업자금이 바닥났을 때

◆

당신은 천사채 식품사업을 시작했다.

천사채가 다이어트 건강식품으로 관심을 받으면서

스파게티를 대체할 수 있을 것 같았는데 어쩐 일인지 판매실적은

저조했다. 7년 동안 사업을 운영하며 직장생활 때 저축한 돈을

거의 투입했지만 생각보다 쉽지 않았고, 기대했던 외부자금을

끌어오지도 못했다. 2억 원이 넘는 자본금으로 시작했지만

7년이 지난 지금 통장에는 1,000만 원뿐이다.

어떻게 해야 할까?

●

  새로 일을 시작한 사업가들이 가장 두려워하는 시나리오다. 수년 동안 사업을 성공시키려고 노력해 오다 어느 날 문득 눈을 떠보니 판매실적은 형편없고 통장은 바닥났다.

  '도대체 이 상황은 뭐지? 통장에 있던 2억 원은 다 어디로 간 걸까? 직장생활도 잘했고, 친구들에게 인기도 많고, 살도 이렇게 많이 안 쪘었는데…. 그동안 내가 나에게 무슨 짓을 한 걸까!'

  어두운 터널로 빠져들기 시작하는 순간이다. 자신을 의심하며 탓하기 시작하면 밑바닥에 도달하는 건 순식간이다. 특히 남의 탓을 하기 시작하면 문제는 더 커진다.

  '게리는 왜 나에게 사업을 권했을까?'

  '인스타그램을 보니 다른 이들은 잘 나가던데…. 왜 아버지는 나보고 도전해 보라고 했을까? 어머니는 왜 막지 않았지?'

  남 탓을 하는 것만큼 쉬운 일은 없다. 하지만 그렇게 하면 남는 것은 혐오뿐이다. 자신이 처한 상황을 냉정하게 짚어보고, 남을 탓하던 그 손가락을 자신에게 되돌리면 지금까지와는 다른 내일을 맞이할 수 있을 것이다.

  "내가 과연 어디까지 할 수 있는지 도전해 보고 싶었고, 결국은 내

결정이었어. 통장은 바닥났지만, 그래도 도전을 해볼 기회를 얻어서 감사해."

천사채 사업가는 83세쯤 됐을 때, 고전을 면치 못했던 사업 당시를 되돌아보며 흐뭇할 것이다. 직장에 다니며 월급을 계속 받았다면 편하게 살 수는 있었겠지만 '어땠을까?What if?'라는 생각에 괴롭지 않았을까.

'어땠을까?'는 독이다. '가지 않은 길'이다. 나이가 많이 들어 예전의 자신을 돌아보았을 때 회한을 안겨주는 가장 큰 원인이다. 어느날 눈을 떴는데 어둡고 비관적인 생각에 사로잡힌다면, 오래전 녹음해 둔 자신의 그 음성을 다시 들어보라.

"아니야, 이 사업에 뛰어든 것도 나고 모든 결정은 내가 했어. 통장이 바닥난 것도 내 잘못으로 인한 거지. 나는 감사해! 70, 80, 90대에 이르러도 후회를 안 할 게 확실하기 때문에…. 도전을 했다는 것 자체가 내겐 큰 축복이야."

◆

사람들은 이런 상황에 닥치면 어떤 결정을 내려야 할지 고민한다. 실패를 자인하고 다니던 직장으로 다시 돌아가야 할까, 아니면 통장 잔고가 0원이 되더라도 마지막까지 최선을 다해야 할까?

선택 1) 예전에 일했던 법률사무소로 다시 돌아간다

일을 하는 게 조금도 즐겁지 않았던 곳이었지만 돈을 좀 더 모아 다시 사업을 할 생각으로 예전 직장을 찾아간다고 하자. 머리부터 발끝까지 겸손함으로 무장하고 가야 한다. 사업가 타입이 아니라고, 분명 망할 거라고 비꼬았던 동료와 마주치면 그의 말이 맞았다고 인정부터 해야 한다.

1번 선택 후의 기막힌 결과를 가정해 보자.

직장에 돌아가고 1년 반 후, 구독자 수가 엄청 많은 한 파워 유튜버가 천사채에 대한 놀라운 효과의 다이어트 영상을 올리며 대중들의 관심이 집중된다. 천사채 제품의 인기가 숫구친다. 천사채의 효능에 관한 연구결과가 발표되면서 사업 당시 규모로 보나 뭐로 보나 나보다 한참 뒤처져 있었던 업체가 시장을 장악하게 된다. 그 업체는 결국 대기업에 2,000억 원에 인수된다.

비교도 되지 않던 작은 천사채 업체가 눈부신 성장으로 2,000억 원에 인수되는 상황을 지켜보는 마음은 어떻겠는가?

'조금만 더 버텼더라면 내가 저 주인공이 될 수 있었을 텐데!'

물론 이런 생각이 드는 것은 당연하다. 하지만 당시 당신은 마지막까지 최선을 다했지만 더 이상 버틸 수 있는 여력이 없었다. 그러니 지나간 과거에 연연하고 자신을 원망하기보다는 마음속 수첩을 뒤져 '겸손함'과 '감사함'을 활용해야 한다. 꼭 해보고 싶었던 사업에 뛰어들어 7년을 도전했다. 다른 사람이라면 7년을 버티기 힘들지 않았을까? 그 용기와 끈기를 칭찬해 주어야 할 것이다.

사업이 잘 안 되어 예전의 직장으로 돌아간 것도 그리 민망한 일은 아니다. 다른 사람이라면 엄두도 내지 못할 일을 실행하는 것도 자신에 대한 믿음과 용기가 있기 때문에 가능한 것 아닐까? 법률사무소에서 일하며 착실하게 저축하고 살다 보면 평생의 절친이나 배우자를 만날 수도 있다.

성공은 인생의 일부일 뿐이다. 천사채 사업을 하면서 고전을 면치 못했던 것도 통장이 바닥났던 경험도 소중한 자산이 되어 차곡차곡 쌓일 것이다.

인생에서 일어나는 사건들은 누구도 예측할 수 없다. 좋은 결과든 나쁜 결과든…. 갑작스런 출장으로 비행기에 올랐는데 비행기가 추락했다면? 공항에 몇 분 늦게 도착하는 바람에 그 비행기를 놓치고 다음 비행기를 탔다면? 그래서 나는 항상 긍정적인 생각이 가장 중요하다고 말한다. 엄청난 성공의 기회를 놓쳤다 해도, 기회를 기다리다 보면 또 무슨 일이 일어날지 어떻게 알겠는가!

현실에서 실제로 일어난 일이 좋거나 나쁘다고 판단할 수 없는 이유는, 그 일이 일어나지 않았을 때의 상황을 짐작조차 할 수 없기 때문이다. 망한 사업을 내려놓으면서 평생 친구를 얻을 수도 있고, 사고나 질병을 피했을 수도 있다.

그래서 나는 어떤 결과이든 긍정적으로 모든 것을 바라보려고 노력한다.

선택 2) 천사채 사업을 끝까지 하다가 사업자금을 모두 까먹는다

돈이 떨어지는 것은 굉장히 외로운 경험이다. 많은 사람들이 라스 베이거스 카지노에 100만 원을 들고 가 90만 원을 잃고 남은 10만 원으로 다시 본전을 찾을 생각을 하지만, 그 남은 돈까지 다 잃고 친구들에게 택시비를 빌리는 경험을 한다.

천사채 사업가의 시나리오에선 통장의 남은 1,000만 원도 곧 바닥날 확률이 높다. 하지만 나는 재차 강조하고 싶다. 먼 훗날 71세가 됐을 때 그는, 돈은 전부 잃었더라도 끝까지 도전한 것에 만족할까, 아니면 천만 원이라도 건졌다고 뿌듯해할까?

실패를 최소화하는 것도 중요하지만, 후회를 최소화하는 것도 중요하다. 천사채가 대중화에 실패하거나 대기업의 2,000억 원 인수가 진행되지 않더라도, 71세에 이르러 돌아봤을 때 그는 끝까지 최선을 다한 자신이 자랑스러울 것이다.

◆

그러니 무엇이 옳은 결정이고 그른 결정이겠는가. 옳은 결정도 따로 없고, 결국 당신이 진정으로 원하는 것에 달려있다. 당신이 내리는 모든 결정을 긍정적으로 바라보는 것이 중요하다. 자신에게 솔직하고 친절했다면 틀린 결정은 없을 것이다. 하지만 부정적인 시선으로 바라보면 모든 결정에는 문제가 있기 마련이다.

그래서 나는 인생의 모든 결정을 긍정적으로 바라보려 노력한다.

**Follow-up
Question**

"나는 원래 부정적인 성향이 강한데, 어떻게 긍정적으로 바뀔 수
있을까?"

밝고 긍정적인 사람들과 어울리면 된다. 그들의 에너지가 전해지면 조금씩
변화하는 자신을 만날 수 있다.

당신의 인생을 바꿔 줄 35가지 조언

육아와 사업을 같이하는 것이 고민될 때

커리어를 시작할 때 야망이 넘쳤던 당신은 벌써 두 아이의 엄마가
되었다. 아이가 태어난 후 당신은 집에서 육아를 전담하기로 했고
세월이 꽤 지났다. 어느 날 늘 존경하던 할머니가 93세의 일기로
세상을 떠나셨다. 할머니의 블루베리 잼은 너무 맛있었다.
어린 시절 할머니의 그 레시피를 기억 속에서 꺼내어 블루베리 잼
사업을 작게 시작했다. 시작한 지 1년 만에 규모도 꽤 커졌다.
이제 5세, 12세인 두 아이를 키우면서 잼 사업도 이어가고 싶다.
과연 둘 다 잘할 수 있을까?

●

먼저 사업에 대한 명확한 자기인식이 중요하다.

육아를 하며 어떤 상황이 닥쳐도 블루베리 잼 사업을 같이 이어갈 수 있을까? 아이들의 희생을 지켜보면서 계속 사업을 할 수 있을지, 아이들의 자율성을 인정하며 끝까지 도전해 자랑스런 엄마가 될 것인지 스스로에게 자문해 보라.

솔직한 대답이 나왔는가? 그럼, 이제 그 자문자답에 따라 중요한 선택을 할 때다.

◆

지금까지는 아이 둘을 키우면서 집안의 CEO 역할을 잘 해왔다. 이제 블루베리 잼 사업을 하는 CEO가 됐으니 주부의 역할을 예전처럼 완벽하게 해내긴 어려울 것이다.

아이를 유치원에 데리러 갈 때 어쩌다 한두 번 5분 10분 정도 늦을 수도 있다. 큰아이는 운동과 미술, 음악까지 시켰지만 둘째는 하나밖에 못할 수도 있다. 시간 내기가 어려워 숙제를 못 봐줄 수도 있고, 지금까지 항상 뛰어났던 아이의 성적이 내려갈 수도 있다.

전업주부인 다른 학부모의 눈치를 볼 일도 생긴다. 부모님의 반대에 부딪힐 수도 있다. 언제나 아이들 돌봄과 교육이 최우선인 부모님이라면 손주들이 안쓰러워 뒤늦게 시작한 딸의 사업이 못마땅할 수도 있다. 어쩌면 어머니도 육아 때문에 자신의 꿈을 접은 기억이 있어서, 그게 당연한 것이라 생각하실 수 있다.

이런 상황에 놓인 여성들은 자식에 대한 죄책감 때문에 일을 그만두기도 하는데, 이 감정은 시간이 지나면 원망으로 바뀐다.

아무리 자식을 위한 일이어도 나의 행복을 억제하면 원망이 생긴다. 내가 하고 싶은 일을 다른 일 때문에 중단하면 후회가 생긴다. 아이들을 잘 돌봐서 성적이 오르고 좋은 대학에 가고 멋진 직장을 얻는 것도 중요하지만 나중에는 그것이 서운함과 원망으로 바뀔 수 있다. 나의 경력과 일을 중단시킨 원인을 제공했기 때문이다.

◆

반대로 상황을 조금 더 긍정적인 시선, 다른 시선에서 바라보자.

당신은 아이들이 눈에 밟혔지만 가족들의 응원과 도움으로 일과 육아를 병행하기로 했다. 그리고 다행히 엄마가 열심히 일하는 모습을 어릴 때부터 지켜본 딸은, 자신도 무엇이든 할 수 있다는 자신감을 얻는다. 너무 많은 간섭을 하는 다른 엄마들과 달리, 자율성에 맡기는 엄마가 자기를 믿어주는 것 같아서 더 좋다. 사업가인 엄마가 너무 자랑스럽다.

자녀의 성적이 오르고 떨어지는 것에 너무 매달리다 보면 중요한 것을 놓치기 쉽다. 성적은 학생에게 중요한 것이지만 전부는 아니다. 눈앞의 성적보다 장기적인 안목을 가지고 기르는 것이 아이의 인생에도 도움이 된다. 그러니 자신에게 더 집중하고 더 친절한 선택을 하는 것이 맞을 수도 있다.

◆

또 다른 문제가 발생할 수도 있다.

이제 열두 살인 딸아이가 놀러 간 친구 집에서 갑자기 전화를 걸어왔다. 몇몇 친구들이 장난으로 술을 마시기 시작했는데 그 상황이 불편하니 빨리 데리러 와달라는 다급한 전화다.

블루베리 잼을 바삐 포장하던 당신은 '지금 포장을 마쳐야 오늘 밤에 발송할 수 있는데…'라는 생각을 하면서도 그 전화를 외면할 수 없다. 친구들의 강요에 못 이겨 딸이 술을 마시게 될까봐 마음이 급하다.

집에 돌아온 딸은 엄마를 붙잡고 이야기를 늘어놓고, 결국 포장을 다 못 끝낸 블루베리 잼은 그다음 주 월요일에야 발송할 수 있었다. 며칠 후 교환이나 환불을 요구하는 고객들의 항의가 쏟아진다. 잼에 곰팡이가 핀 것이다. 항의하는 고객 중에는 친구들도 있었다.

당신은 그날 저녁, 사업보다 딸을 선택했다. 블루베리 잼이 상할 수 있다는 걸 알면서 한 선택이니 할 말도 없을 것이다. 바쁠 때 도와주지 않은 남편이나 상황을 다 알면서도 이해해주지 않고 항의를 해온 친구들이 조금은 원망스럽다.

이에 대한 해결책은 책임감이다. 어디까지나 '내가 내린 결정'임을 잊지 말아야 한다. 인내심도 필요하다.

'부끄럽지만 살다 보면 이런 날도 있는 거야. 앞으로 다시는 이런 실수 안 해야지!'

확신도 가져야 한다.

'다시는 실수 안 해, 나는 잘할 수 있어!'

그리고 감사함도 잊지 말아야 한다.

만약 그날 딸아이에게 무슨 일이라도 일어났다면 어찌 되었겠는가! 제품 포장을 다 마치고 그날 밤 배송을 완료했더라도, 어린 딸이 처음 마신 술 때문에 정신을 잃거나 급성 알코올 중독으로 쓰러졌다면?

최악의 경우를 상상해서라도 그 문제가 얼마나 크고 중요한 일이었는지 되새겨 볼 필요가 있다. 상한 블루베리 잼을 배송하게 된 것은 고객들에게 미안하긴 하지만 또 어쩌겠는가! 소중한 딸을 지켰으니 그것으로 됐다.

◆

'이러면 어땠을까?'라고 든 앞의 예시들이 너무 극단적이라고 생각할 수도 있다. 하지만 사업 차 내가 탑승한 비행기가 추락하거나 딸이 급성 알코올 중독으로 사망하는 상황은 무서워도 실제로 일어나는 일들이다. 당신에게 이런 일들이 일어나지 않아서 당신이 소중한 일상을 누리는 게 얼마나 감사한 일인지 잊지 않았으면 좋겠다.

Q "어려운 상황 속에서는 감사함을 느끼기 쉽지 않다. 어떻게 감사함을 느낄 수 있을까?"

A 사람들은 감사한 마음에 대해 많이 오해하고 있다. 제일 먼저 물질적인 것들을 떠올린다. 물론 좋은 차, 저택, 명품 시계나 보석 같은 것들도 감사하긴 하지만 부수적인 것들이다.

감사함은 평범한 것, 단순한 것에서 출발한다. 내 가족과 주변 사람들이 건강하고 옆에 있다는 사실만으로 나는 감사하다. 그것 하나만 생각하기 때문에 나는 매일매일 감사하다. 나머지는 모두 부차적인 것들이다.

Scenario 5

좋은 직장 취업과
창업 사이에서 고민이 될 때

세계 최고의 경영대학 중 하나에 다니는 당신은 성적도 좋고
대외활동 이력도 좋아서 여러 회사로부터 입사 제안을 받고 있다.
학교 동기들 역시 대부분 증권사, 컨설팅 회사, 혹은 IT 기업에
면접을 보고 있고 당신도 취업을 고려하고 있다.
하지만 작년 여름 시작한 온라인 쇼핑몰 사업을 본격적으로 해보고
싶다는 생각도 있다. 풀타임이 아니고 가볍게 하는 일이라 1년에
500만 원 정도 벌고 있는데 재미가 있다. 이 쇼핑몰을 제대로
키워보고 싶은 생각도 있는데, 학자금 대출금만 수천만 원이 넘는다.
어떻게 해야 할까?

●

　만약 어떤 사업을 하기로 결정했다면, 온 세상이 당신에게 "안 돼!"라고 외치는 걸 각오해야 한다. 오직 당신이 잘되기를 바라는 마음으로 해주는 부모님의 말씀은 당연히 귀담아들어야 하고, 친구와 선배들의 진심어린 조언도 만만치 않을 것이다. 게다가 사업계획만 듣고 그동안 공부한 게 아깝다는 등 부정적인 반응을 보이는 사람도 꼭 있다.

　나는 '성공'이라는 단어에 재정의가 필요하다고 자주 언급하는 편인데, 단적으로 말하면 '5억 벌고 불행한 것보다 1억 벌고 행복한 것이 더 성공한 삶'이라고 주장한다. 가볍게 시작했던 인터넷 쇼핑몰 일이 재미있어서 본격적으로 뛰어들고 싶다면, 먼저 몸을 긍정적인 기운으로 가득 채워야 한다. 13년 후 모 은행의 부장으로 근무하는 것보다, 인터넷 쇼핑몰 일로 바쁜 것이 더 행복할 것이라는 확신을 가져야 한다.

　수많은 훼방꾼을 제끼고 씩씩하게 나아가야 한다. 마치 홈경기 후반전 마지막에 역전골을 노리는 것과 같다. 만약 성공하지 못하면 수만 명의 홈 팬들이 야유를 보낼 수도 있다. 감당할 수 있겠는가, 그 엄청난 야유를? 하지만 끈기와 확신을 버리지 않는다면 얼마든지 극복할 수 있다.

◆

인내심도 필요하다. 아무리 가볍게 시작했다지만 1년에 500만 원 정도의 수입이라면 갚아야 할 수천만 원의 학자금 대출은 어떻게 해결할 것인가? 몇 년은 견디고 또 견디는 것밖에 다른 방법이 없을 것이다. 나도 20대 초반에 아버지의 와인 사업에 뛰어들면서 또래의 친구들보다 훨씬 더 느리게 성장했기 때문에 단언할 수 있다.

그때 나는 인내심, 끈기, 그리고 확신으로 버텼다. 남들이 보면 매일 15시간씩 와인 가게에서 지루하게 일상을 보내는 것처럼 보였겠지만 그때 나는 매대를 와인과 샴페인으로 채우고, 고객 이메일 명단을 만들고, 장부를 정리하고, 수입을 저축하며 진짜 제대로 일을 배웠다.

사람들은 최대한 빠르게 큰돈을 벌고 싶어 하지만 그건 인생의 가장 큰 속임수다. 자유는 사실 엄청난 부 아니면 무거운 성찰에서 나온다. 그리고 엄청난 부는 확보하기도 쉽지 않겠지만, 설령 돈을 많이 벌어도 그 자체가 감옥이 될 수 있다. 하지만 인생에서 무엇이 가장 중요한지 정확히 알고 있으면, 그것만큼 자유로운 것도 없다.

Scenario
6

SNS를 성장시키고 싶을 때

당신은 피트니스 인플루언서로 인스타그램 초기에 콘텐츠를 많이
올렸다. 팔로워 100만 명을 확보했고, 당신만의 커뮤니티를
키울 수 있었다. 그 후 단백질 보충제와 운동복을 판매하며 사업도
성공시켰다. 하지만 최근 몇 년간 성장세가 눈에 띄게 줄어들었고,
사업도 부진한 편이다. 팔로워 100만 명까지는 빠르게 도달했지만,
몇 년이 지났는데 아직도 170만 명을 넘기지 못하고 있다.

어떻게 해야 할까?

●

2015년부터 2021년까지 우리는 여러 가지 새로운 현상을 목격했다.

1) 팟캐스트 시장의 급격한 성장

2) 인플루언서 마케팅의 발전

3) 틱톡, 클럽하우스 같은 새로운 플랫폼의 등장

2015년에 인스타그램에서 100만 팔로워를 지녔다면 누가 뭐래도 영향력이 가장 큰 사람에 속한다. 그 정도 위치라면 새로운 비즈니스와 연결될 기회가 많았고 팔로워들을 다른 채널로 유입할 수 있었을 것이다. 유튜브나 틱톡 등 새로운 SNS 채널에 커뮤니티를 만들고, 클럽하우스의 초기 스타가 될 수도 있었다. 그런데 이 시나리오를 보면 오래 전 한 번의 성공에 만족하고 안주한 듯한 느낌이 든다.

이때 필요한 건 '친절함'과 '겸손함'을 잘 활용하는 것이다. 성공을 얻는 과정에서 만난 사람들에게 친절한 태도를 잊지 않았다면 그 친절함이 꼭 필요한 도움으로 돌아올 수도 있다. 지난 6년간 사업이 쭉쭉 뻗어 나가지 못하고 정체되었을 때, 후발주자가 5만에서 500만 팔로워까지 폭발적으로 성장하는 모습을 지켜봤을 것이다. 그리고 500만 명으로 성장한 인플루언서가 초보였을 때 당신이 나눠준 팁과 친절을 기억한다면, 그와 함께 새로운 파트너십을 맺을 수 있는 좋은 기회가 생길지도 모른다.

이처럼 친절함과 겸손함은 자신에 대한 실망과 아쉬움을 줄여줄 것이다. 약점을 제대로 알고 자신이 애초에 크게 특별한 존재가 아니란 것을 인정한다면, 다른 사람들이 더 큰 성공을 이룰 때 낙담할 이유가 없다. 기회가 왔을 때 전력을 기울이지 않았다는 사실을 받아들이면, 남 탓할 이유가 없다. 인스타그램에 집중하기로 선택한 건 자기 자신이다. 지난 6년 동안도 그랬듯이, 앞으로 6년 동안도 모든 결정은 자신이 내릴 것이며 그 결과도 본인에게 달려 있다.

◆

이 시나리오에서 알 수 있는 건 책임감을 가지면 모든 일에 긍정적으로 변하고 자신에게도 타인에게도 친절할 수 있다는 것이다. 기세 좋게 출발했던 처음에 비해 지금 좀 주춤한 건 사실이지만, 늦지 않았다. 엄청난 결과를 만들어 낸 것도 아직 유효하다. 170만 팔로워를 모으는 건 결코 쉽지 않은 일이다. 피트니스 인플루언서로서 확고한 위치를 점하며 펼치고 있는 사업도 성공적이다. 나는 한 번 성공의 맛을 본 사람은 언제든 다시 할 수 있다고 믿는다.

인스타그램은 모델과 피트니스 전문가들이 운동 후 변화된 몸과 그 결과를 자랑할 수 있는 가장 좋은 시각적인 콘텐츠 중심의 플랫폼이다. 당신이 직접 모델로 나서서 건강한 몸과 복근을 자랑할 수도 있다. 그래서 어쩌면 첫 100만 팔로워를 비교적 쉽게 모았을 수도 있다.

이제는 여기에 당신의 창의성을 가장 잘 반영해 주는 새로운 플랫폼을 제대로 활용해야 한다. 물론 다른 플랫폼에서도 활동하며 성장하고 싶다면 지금까지와는 다른 콘텐츠 전략이 필요할 수도 있다. 특히 유튜브나 틱톡, 클럽하우스는 운동과 몸매 유지와 관련된 지식을 공유할 수 있는 능력이 추가로 필요하다. 너무 늦었다고 생각하지 말고 건강 관리와 관련된 공부를 시작해 1년 후에는 새로운 브랜드를 만들 수도 있지 않을까? 혹은 기업 대상 피트니스 전문가로 탈바꿈해 모든 직원들이 활용할 수 있는 PT 프로그램을 개발하여 기업들로부터 매달 1,000만 원씩 받을 수도 있을 것이다. 중요한 것은, 자기인식과 야망의 활용이다.

지금 이 시나리오는 '성공에 만족하고 안주한 사람의 이야기일지 모른다'고 추정하고 시작했는데, 어쩌면 그는 지난 3, 4년간 누군가와 사랑에 빠져 사업에는 신경을 덜 썼을 수도 있다. 아니면 인스타그램 초기에 너무 많은 에너지를 쏟은 나머지 숨을 고르며 일과 삶의 균형을 잡으려 노력했을지도 모른다.

사실 나는 초고속 성장보다는 꾸준히 성장해 단단한 기반을 이루는 것이 더 좋다고 생각한다. 일과 삶의 균형을 맞추는 데에도 도움이 되고, 더 행복한 삶을 실 수 있기 때문이다. 언덕 위의 전망 좋은 저택을 욕심내지 않고 지금의 집과 삶에 만족하는 것이 바람직한 삶이라 생각한다.

◆

　　　　　이제 한 발자국 멀리 떨어져 더딘 성장의 원인이 무엇인지 살펴보자. 결정적인 실수가 있었는가, 내가 통제할 수 없었던 일이 혹시 있었던가?

　책임져야 할 결정적 실수가 있었으면 어떤가, 원인이 규명되면 고치며 앞으로 나아가면 된다. 책임감과 긍정, 그리고 자신에게 친절함을 베풀며 새로운 모습으로 다시 태어나면 된다.

　만약 통제할 수 없는 일이 있었다면, 그것도 괜찮다. 역량 밖의 일로 인해 잠시 멈춰야 했기에, 너무 자책할 필요는 없다. 나보다 훨씬 앞서나간 이들이 남의 사정을 잘 알지도 못하면서 함부로 재단하고 참견한다면 무시해도 좋다. 그들은 지금 자기의 영광에 취해 있을 뿐이다.

　이유가 무엇이든 심한 자책은 해결책이 될 수 없다. 앞으로 나가는 길에 방해만 될 뿐이다.

 "어떻게 하면 인스타그램 피트니스 모델에서 사업가로 변신할 수 있을까?"

이건 누가 봐도 굉장히 어려운 변화다. 피트니스 모델로 시작한 인플루언서들을 보면 사업에 성공하는 이들이 드물다. SNS 활동과 사업은 그 영역이 많이 다르기 때문이다. 하지만 창업이 유행처럼 번지다 보니 많은 인플루언서들이 CEO를 꿈꾼다. 사업가로서의 능력과 자질이 본인에게 있는지 없는지도 모르면서 말이다.

아무튼 그렇게 사업에 손을 댔는데, 기획이나 영업 등 전문적인 분야에서 꽉 막힌다면 자신의 부족함을 그대로 인정하는 것이 필요하다.

"인스타그램 피트니스 모델로는 성공했는데, 광고 기획이나 영업은 아무것도 모르겠네. 전문가의 도움이 필요해."

모르는 것을 인정하는 이 자세가 바로 자기인식이고 겸손함이다. 여기에서 긍정적인 마인드가 나오는 것이다. 우선 내가 가진 지분을 일정 부분 나누면서 사업을 함께 성장시킬 파트너를 찾아보자. 그리고 전문가의 손에 실무적인 부분은 믿고 맡기면 된다. 엑셀 작업이나 물류 절차 등에 신경 쓰지 않고 자기가 잘할 수 있는 일에 집중하면 된다. 전문분야의 일은 전문가에게 맡기고, 당신은 하던 대로 사진 촬영과 콘텐츠에 집중하면 된다.

20억 매출 사업체의 지분 50%를 소유하는 것이 3억 매출을 겨우 달성한 사업체의 지분 100%를 소유하는 것보다 훨씬 낫지 않은가.

Scenario 7

새로운 트렌드를
처음 접했을 때

◇

당신의 아내가 한 육아 커뮤니티에서 새 친구를 만났다.
그 친구는 부부가 함께 만나자고 제안했고, 육아에 지쳐있던 아내는
당신의 동의를 얻어 기쁘게 그 제안에 응했다. 처음 만나는 그 자리는
긴장도 되었지만 기대감에 설레었다. 드디어 만나 식사를 하는
자리에서 그 부부가 갑자기 NFT 이야기를 꺼냈다.
NFT가 뭔지 전혀 모르는 당신, 어떻게 반응해야 할까?

●

일단 겸손한 태도로 그들의 이야기를 경청하라. 당신의 관심사가 전혀 아닐지라도, 무리하게 주제를 바꾸려 하지 말고 이야기를 들어 보자. 모르는 것은 잘 모른다고 하면서 듣다 보면 조금은 귀가 열릴 것이고 NFT에 흥미가 생길 수도 있다. 모르는 것을 아는 것처럼 떠들지만 않으면 실수할 것도 없다.

호기심이 생겼는가? 집에 돌아가 인터넷에 바로 검색해 보자. 기회가 없어서 전혀 몰랐던 것을 알게 되는 재미가 꽤 크다. 처음 듣는 자리에서 흥미롭게 들렸다면 그것이 앞으로 당신 인생의 새로운 기회를 열어줄 중요한 키포인트가 될지 어떻게 알겠는가.

들을 때 분명 흥미롭긴 했는데 귀찮아서 검색도 해보지 않고 그냥 흘려보내면 당신은 중요한 것을 놓칠 수 있다. 인생 최고의 터닝포인트가 될지도 모를 중요한 단서들은 아주 작은 조각으로 우리 곁에 숨어 있다. 어느 날 그 조각들은 홀연히 그 모습을 드러낸다. 친구의 입이나 신문기사, 또는 책의 한 구절로 다가온다. 이때 내 귀에 새로 들어온 단어나 호기심이 생긴 건 한 번이라도 검색해 보는 시간이 필요하다.

내가 NFT를 처음 접했을 때가 생각난다. 나는 바로 관련 유튜브 영상 여러 개를 시청했고, 관련된 사람들을 트위터에서 팔로우했다.

내용을 알수록 너무 흥미로웠고 일주일 후에는 어느 정도 NFT에 대해 파악할 수 있었다. 내가 진행하는 NFT 프로젝트들의 아이디어는 대부분 그 시기에 쌓은 지식을 바탕으로 한 것이다. 이게 바로 '호기심'이다.

부부가 아내의 육아 커뮤니티에서 만난 부부와 식사를 마친 후 집에 돌아가 NFT를 검색하고 유튜브 영상 50개를 시청하고 트위터에서 관련 인물 50명을 팔로우한다면 1, 2주 후에는 완전히 새로운 삶이 펼쳐질지도 모른다. 이것이 바로 나의 경험이다.

◆

사실 지금까지 그런 식사 자리에서 새로운 트렌드에 대해 주로 이야기하는 사람이 바로 나였다. 그게 스포츠 카드이던, 스타트업이던, 인터넷이든…. 친구와 지인들은 처음에 나를 비웃었고, 나중에는 존경과 함께 쓰디쓴 후회의 눈빛으로 나를 바라보았다.

호기심은 12가지 원칙 중 사람들에게서 가장 찾기 힘든 것이지만, 겸손함과 함께라면 가장 강력한 성공요소가 될 수 있다. '겸손한 태도로 그들의 이야기를 경청하라'고 앞에서 말한 것처럼, 모르는 건 모른다 하고 새로운 이야기를 듣다 보면 호기심이 생긴다.

다음은 그 호기심을 파고들 시간이다. 검색을 하고 관련 영상을 보고 전문서적을 사서 읽고, 무서운 기세로 공부하다 보면 그것이 내 것이 될 때가 있다. 환희로운 순간이다.

누군가에게 새로운 걸 시도해 보라고 권했을 때 나를 가장 답답하게 하는 건 '시간이 없다'는 답이다. 새로운 것을 공부하거나 시작하는 데 있어 너무 바쁘다고 말하는 사람 중에서 그렇게 가치 있게 시간을 보내는 사람을 보지 못했다. 아무리 바빠도 새로운 정보를 접하면 호기심이라는 불을 켜야 한다. 그리고 시간이 부족하더라도 파고드는 시도는 해봐야 한다. 파고들었는데 별거 아니라면 그때 과감히 버리면 된다.

혁신의 기반은 호기심이다. 호기심과 겸손함에 인내심과 확신을 더하라. 새로운 혁신은 시간이 필요하다. 나는 2021년부터 NFT에 대해 공부하고 있지만, 이 콘셉트가 제대로 실현되기까지 10년은 더 있어야 한다고 생각한다.

당신의 인생을 바꿔 줄 35가지 조언

**Scenario
8**

나이가 많은 부하직원과
함께 일해야 할 때

◇

회사 임원들이 당신의 끈기와 가능성을 인정하고 소규모 팀을
이끌어야 하는 관리직으로 당신을 승진시켰다. 팀에 새로 합류한
직원 중 한 명인 B는 당신보다 15살이나 나이가 많고, 더 오래
근무했다. 대화를 몇 번 나누었는데, B가 당신을 보는 시선이
불편하게 느껴진다. 그는 나를 적임자라 생각하지 않는 것 같다.
어떻게 해야 할까?

●

　승진한 지 얼마 안 되어 이 비슷한 상황에 놓인 사람이라면 공감할 것이다. 나이가 훨씬 많고 근무연한도 더 오래인 직원의 상사 역할은 가시방석과도 같이 느껴진다.

　내가 이런 상황이라면 나는 B의 입장부터 생각하고 그를 가장 먼저 챙길 것이다. B는 자신보다 훨씬 젊고 늦게 입사한 당신이 상사로 오게 되어 당황했을 것이다. 그는 지금 어떤 감정일까? 어떻게 하면 믿음을 주어서 내 편으로 만들 수 있을까?

　나라면 공감과 친절함, 그리고 겸손함이라는 모드를 적극적으로 활용해 그에게 먼저 다가갈 것이다. 그리고 믿음을 얻기 위해 노력할 것이다. 우리 둘을 바라보는 팀원들의 불안도 해소시켜야 할 것이다.

◆

　　　공적인 것이든 사적인 것이든 B에게 먼저 연락해 그의 의견을 물으며 그를 존중해 주는 것이 중요하다. 우리가 같은 편이라는 걸 알려줘야 한다. 소통 방식은 각자 자신의 스타일대로 하면 된다. 점심을 자주 함께하며 친밀한 관계를 형성하는 것도 좋고, 미소와 함께 우호적인 행동으로 좋은 인상을 심어줄 수도 있다.

　첫 번째 회의에서 나는 B의 근무연한을 언급하며 그의 식견과 경험이 우리 팀에 꼭 필요하다고 팀원들 앞에서 천명할 것이다. B가 예상하지 못한 순간 전체 회의에서 팀원들을 앞에 두고 B가 꼭 필요한 사람이라고 치켜세우는 것은 1대1로 말하는 것보다 훨씬 더 큰 영향을 줄 수 있다.

실제로 나의 팀원들과 이 시나리오에 대해 이야기했을 때, 그들도 내 의견에 적극적으로 동의했다. 대부분의 경영서적에는 '그 직원과 마주 앉아 모든 문제를 다 꺼내 놓고 논의하라'라고 나와 있겠지만, 내 방식이 더 현실적이라고 생각한다.

당신은 이런 상황에서 B와 개별 면담을 통해 문제를 해결하는 것을 더 선호할 수 있다. 그게 당신의 스타일이라면 그대로 해도 문제없다. 여기서 나는 비즈니스는 모 아니면 도가 아닌, 그 사이에도 다양한 선택권들이 있다는 것을 이야기하고 싶을 뿐이다.

Scenario
9

리더로서 직원들의
성장 때문에 고민될 때

팀원 중 C가 가능성도 재능도 확실히 있어 보인다.

하지만 아직 다른 팀원들처럼 눈에 띄는 성과를 내고 있지는 않다.

프로젝트나 업무처리 방식을 하나부터 열까지

몸소 가르쳐 주려 하지만, 빠르게 습득하지 못해서 답답하다.

어떻게 해야 할까?

●

    가장 먼저 내가 리더로서 잘못하고 있는 건 없는지 찾아봐야 한다. 아끼는 팀원이라도 그의 일을 대신해 주는 것은 절대 옳지 않다. '절대'라는 단어 사용을 좋아하지는 않지만, 어쩔 수 없는 사실이다. 누군가를 위한다고 일을 대신해 주다 보면 그 사람은 성장할 수 없고, 그것은 좋은 기회를 박탈당하는 것이나 마찬가지다.

    이 시나리오가 맞다면 C는 업무능력 향상은커녕 혼자 힘으로 프로젝트를 완성하는 것이 거의 불가능해 보인다. '하나부터 열까지 가르쳐 주는' 방식으로는 아무것도 해결할 수 없고, 언젠가 C는 업무능력 부족으로 해고될 수도 있다.

    이는 많은 리더들이 빠지기 쉬운 함정이다. 직원의 일을 대신해 주려 하지 말고, 어떻게든 혼자 힘으로 할 수 있게 할지를 고민해야 한다. 그다음으로 직원의 장점을 극대화시킬 수 있는 방법에 대해 찾아야 한다.

    나는 직원들이 입사하면 협업을 통해 업무 실력이 향상되고, 경험을 통해 한 단계 앞으로 나아가는 자연스러운 훈련방식을 선호한다. 하지만 이 방식은 직원 규모가 적을 때나 가능한 방법이다. 대부분의 조직은 상대방을 배려하며 일을 할 정도로 한가하지 않다. 그래서 직원 교육을 위해 도움이 필요하면 인사팀이나 상사에게 외부 강사를 섭외해 달라고 요청하는 것이 좋다. 각 분야에 맞는 전문가를 섭외해 교육을 담당하는 것이 가장 효과적이다.

◆

　　　　　　팀장이나 리더들이 직원 교육과 관련해 가장 힘들어하는 것이 또 있다. 바로 직원들의 실수에 대한 부분이다. 하지만 이 경우 직원들에게 실수할 자유를 주어야 한다. 직원들을 성장시키고 싶다면 신뢰가 필요하다. 신뢰가 바탕이 되지 않으면 아무것도 이룰 수 없다. 공동의 성과를 얻기 위해서는 팀원들에게 힘을 실어주고 믿어야 한다.

만약 직원이 맡은 일을 제대로 해내지 못하면 책임감을 느끼도록 일의 과정과 결말을 소상히 전해준다. 실수는 인정하되 자신의 실수에 대해 책임을 지도록 피드백을 해주는 것이 좋다.

나는 평소 피드백도 밝고 가벼운 톤으로 하는 편이다. 너무 정색하고 무섭게 추궁하고 싶지 않다. 웃으며 농담처럼 피드백을 헤도 대부분 다 알아듣는다. 만약 그 피드백을 잘 이해하지 못하는 직원이 있으면 개별 면담을 잡기도 한다. 중요한 건 내 농담 같은 피드백의 내용이 제대로 전달되어야 한다는 것이다.

처음부터 개별 면담을 통해 '친절한 솔직함'을 전달하는 것이 더 좋을 수도 있다. 최근에는 나도 그 방식을 더 자주 사용하려 노력하는 편이다.

◆

　　　　　성공적으로 팀을 이끄는 리더와 그렇지 못한 리더의 가장 큰 차이 중 하나는 긍정적인 마인드다. 자신의 팀원들에 대해 불평을 늘어놓는 리더들이 많은데, 이때 문제의 진짜 핵심은 그 리더의 불안과 두려움이다.

　어떤 리더는 직원들의 실수가 두려워 활동에 온갖 제한을 둔다. 어떤 리더는 직원을 잘 교육시켜 유능한 인재가 되면 떠날지도 모른다는 걱정을 안고 살아간다. 너무 크게 성장하면 더 좋은 곳을 찾아 떠날까 봐 성장에 제동을 거는 리더들도 종종 있다. 심지어는 직원이 자신의 실적이나 자리를 빼앗으려 한다고 상상의 나래를 펴는 이들도 있다.

　직원들을 감시하고 활동에 제한을 가하면 어떻게 좋은 리더가 될 수 있겠는가! 그렇다면 당신은 함께 일하는 직원들뿐 아니라 당신 자신의 잠재력도 갉아먹는 중이다.

　자신의 지식과 노하우를 제대로 전달하지 못하는 리더는 직원을 크게 키우기 어렵다. 신뢰가 부족해서 제대로 가르치지 못하고, 부정적이고 비관적이기 때문에 신뢰하지 못한다. 신뢰가 없으면 직원들의 일도 도맡아서 하게 되고, 그런 관계는 대부분 원망과 실패로 끝나기 마련이다.

◆

　　　　만약 직원의 중대한 실책 때문에 리더가 책임을 지고 직장을 떠나야 한다면, 너무 상심하지 말고 자신에게 맞는 직장을 찾으면 된다. 자신에 대한 믿음을 잃지 않고 끈기있게 구하다 보면 반드시 좋은 일자리를 찾을 것이다. 함께 일하는 팀원을 믿고 일을 맡기고 그 일이 실패했을 때 대신해서 책임을 졌는데, 그 당당한 모습에 반하지 않을 사람이 누가 있겠는가.

　누군가 지켜보고 있다. 믿음을 가지고 최선을 다하다 보면 새로운 기회의 문이 당신을 기다리고 있다. 해결하기 어려운 상황은 있어도 해결 불가능한 상황은 없다고 믿고 담대하게 앞으로 나가면 된다.

Scenario
10

예상치 못한
이메일을 받았을 때

한 고객이 이메일을 보냈다. 제품에 불만이 있는 것 같았다.

잔뜩 긴장하여 다음 일정까지 취소하고 그에게 전화했다.

다행히 고객의 불만은 크지 않았고, 그마저도 오해한 것에 불과했다.

한숨 돌렸지만 놀란 가슴이 진정되지 않는다.

어떻게 해야 할까?

●

    아이러니하게 나에게도 최근 비슷한 일이 있었다. 회사 크리에이티브 팀 직원 중 한 명이 나에게 문자를 보냈다.

    '혹시 잠깐 시간 되세요?'

    나와 오랫동안 일한 직원이라 무언가 이상하다는 느낌이 들었다. 회의를 빨리 정리하고 전화를 걸어 직원과 나름 진지한 대화를 잘 나눴다. 하지만 허둥대다 보니 다음 중요한 미팅에도 몇 분 늦었다. 미팅 중에도 통화 내용이 계속 머릿속을 맴돌아 집중을 못했다. 차라리 바로 통화하지 않고 다음 주에 미팅을 잡았으면 어땠을까?

    하지만 결국 내가 그 순간에 상황을 파악하고 싶었고, 그 행동에 대해 책임을 져야 했다. 내가 내린 결정인데 어떻게 화를 낼 수 있겠는가?

◆

    내가 이메일을 그다지 좋아하지 않는 이유는, 글은 오해하기 쉽기 때문이다. 문자 속에는 사람의 목소리나 독특한 어조나 분위기가 담기지 않는다. 이메일을 읽을 때는 청구서를 읽는 듯 뭔가 불안하고 초조하다. 이상하게 부정적인 생각이 머리를 떠나지 않는다.

165

사람들은 대부분 자신의 정서와 감정 상태를 바탕으로 글을 읽게 된다. 그렇다 보니 이메일이나 문자 메시지의 경우 특히 오해가 더 많이 발생할 수 있다.

나의 경우에는 직원이 보낸 그 문자를 나쁜 성격의 메시지로 오해 하여 생긴 일이다. 문제가 있으면 그때그때 바로 확인해야 직성이 풀리는 성격 때문에 때로는 일이 꼬이기도 한다. 이것은 문제에 접근하는 내 방식이므로 잘잘못을 가리기는 어렵다. 하지만 이 방식은 앞으로도 변하지 않을 것이다. 그러므로 궁금증을 참지 못하고 바로 문자를 확인하고 전화를 한 것이 내게는 당연한 행동이었다고 할 수 있다. 그렇게 긍정을 하는 수밖에….

◆

고객과 직원을 소중하게 생각하는 건 너무나 당연한 일이다. 그들의 의견을 존중하는 것도 마찬가지다.

책임감에 긍정을 더하면 도움이 될 것이다. 살다 보면 이런 날도 있고 저런 날도 있을 수 있다. 사소한 오해 때문에 심하게 자책할 필요 없다.

번아웃에 빠졌을 때

당신은 직장에서 실력을 인정받고 빠르게 승진하고 싶은
욕심을 가진 직원이다. 하지만 몇 년 동안 열심히 일하다 보니
업무량을 조금 줄이고 시간적 여유를 갖고 싶어졌다.
번아웃 상태라 말하기에는 눈치가 보이고,
이러다가는 뒤처질 수 있겠다는 걱정도 든다.
스트레스가 극심해서인지 업무 성과도 잘 나오지 않는다.
어떻게 해야 할까?

●

　전 세계가 2년 이상 코로나 팬데믹 상황에 놓여 있다. 학생들은 등교가 중단되며 집에서 원격수업을 받고 있고, 직장인들도 재택근무를 하는 환경이 일상이 되었다.

　순식간에 세상이 바뀌면서 사람들은 적응해야 할 것도 많아졌다. 화상회의나 재택근무 환경을 낯설어하는 이들이 아직 많다. 제일 아쉬운 건 점심시간이나 업무 중간에 직원들과 함께 식사나 차를 마시며 나누던 짧은 대화다.

　재택근무는 아쉬운 대로 조직들에 효율성을 안겨주었지만, 나는 직원들과 팀원들이 직접 만나 대화를 나눌 수 없는 현실이 너무 안타깝다. 관계를 발전시키는 건 차치하고라도, 기업문화와 연대감을 키우는 데 만남과 대화는 굉장히 중요한 역할을 하기 때문이다.

　재택근무를 하면서 삶의 시간표와 균형을 맞추지 못하는 사람들도 많이 늘어났다. 근무 형태가 달라진 데서 오는 스트레스에다 업무량까지 늘어나면서 번아웃을 경험하는 사람들도 적지 않다. 거기다 학교에 가지 않는 어린아이까지 돌봐야 하는 상황이면, 생각만 해도 숨이 막힌다.

◆

　　　　　　　　이 시나리오에 나는 반대의 것처럼 느껴지는 두 가지 요소인 '인내심'과 '야망'을 활용하라고 조언하고 싶다.

　야망을 품는 것은 아름다운 일이다. 하지만 그것이 너무 과하면 균형을 맞추기가 어렵다. 이때 인내심은 야망과 균형을 이룰 수 있다.

　젊은 신입사원이 입사와 동시에 야망을 품는 것은 너무나 자연스러운 일이다. 거기에 인내심까지 더한다면 더 이상 바랄 게 없는 상태가 된다. 올해 안에 꼭 승진을 해야만 할 이유가 없어진다. 1~2년이 지나 한두 살 더 먹고 승진해도 늦지 않다. 충분히 만족스러운 커리어를 가질 수 있다.

　인내심은 스트레스와 압박을 줄여준다. 사람들은 남의 뒤통수를 좇느라 억지로 자신을 끼워 맞추려고 노력한다. 25세, 30세, 45세에는 어느 정도의 위치에 올라야 한다고 정해놓고 자신을 압박한다.

　우리 회사에도 모든 것을 쏟아붓듯 열심히 일하다 너무 힘들다고 잠시 쉬어가겠다고 하는 직원들이 종종 있다. 일을 할 때 그가 얼마나 집중하는지 눈여겨보면 그가 어떤 사람인지 보인다. 리더는 직원 개개인의 특성과 함께 그들이 맡고 있는 업무내용 등 모든 요소를 면밀히 파악하고 공정한 기록을 해야 한다.

　몇 년을 정신없이 열심히 일하고 몇 주 잠시 숨 좀 돌리겠다는데 곱지 않은 시선으로 바라보는 상사나 회사라면 결코 좋은 환경의 직장이라 할 수 없다. 몇 년 동안 열심히 일하고 결혼 준비를 위해 잠시 걸음을 늦추는 거라면 그가 비난받을 이유는 없다. 직원의 성과와 실적을 판단할 때는 숫자와 그래프만 보지 말고 큰 그림을 봤으면 좋겠다.

◆

　　　　　저축을 많이 하면 아무래도 여유가 생긴다. 그리고 새로운 기회도 더 많이 얻을 수 있다. 하지만 많은 사람들이 자신의 월급에 맞추어 집을 구하는데, 고정지출로 인해 자금이 묶이는 그 순간 우리는 더 많은 제약 속에서 살아갈 수밖에 없다.

사람들이 행복이라는 진정한 가치를 포기하고 금전적 가치를 선택하는 현실이 나는 너무 가슴 아프다. 우리가 조금만 더 겸손하면 물질적인 욕심을 잠시 내려놓을 수 있다. 연봉이 몇백만 원 줄어드는 대신 가족과 더 많은 시간을 보내는 선택을 할 수도 있다. 이때 자신에게 꼭 필요한 휴식시간을 갖거나 새로운 일에 도전해 볼 수 있는 기회를 가지는 것도 좋다.

만약 회사가 계속해서 눈앞의 성과만 보고 능력을 평가한다면, 슬슬 이직을 준비하는 것도 좋은 선택지이다.

Scenario 12

그만두고 싶지만
남은 동료들에게 미안할 때

◆

당신은 항상 일이 너무 많고 일손은 부족한 팀에서 일하고 있다.
상사에게 문제를 제기했지만, 곧 신입이 합류할 예정이라는
말만 하고 몇 달째 감감무소식이다. 피로와 스트레스가 쌓여
폭발 직전이다. 직장을 옮기고 싶은 마음이 간절하다.
하지만 지금 같이 일하는 사람들이 너무 좋아, 내가 그만두고
나가면 그들이 더 힘들어질까 부담스러워 이러지도 저러지도
못하고 있다. 어떻게 해야 할까?

●

　일손이 부족한 팀에서 고생하는 직원들은 경영진이 인건비를 줄이기 위해 고의적으로 채용을 미룬다고 생각하기 쉽다. 물론 비용을 최소화하려거나 다른 이유 때문에 그 상태를 계속 유지할 수도 있다. 일손이 부족하면 부족한 대로 일이 진행되니 서둘러 직원을 뽑고 싶지 않을 것이다. 혹은 딱 맞는 인재를 찾지 못한 것일 수도 있다.

　CEO로서 내 의견을 말하면 급하다고 아무나 채용하면 오히려 팀을 더 힘들게 할 수 있다는 사실을 여러 번 경험했다. 사람 한 명이 잘못 들어오면 사무실 분위기는 물론 모든 일이 엉망이 되어버린다.

　혹은 당신이 모르는 사정이 있을 수 있다. 퇴사한 직원이 소송을 걸어 법적 싸움이 진행되고 있다거나, 합류한 지 얼마 안 된 두 명의 직원이 아직 업무를 제대로 파악하지 못해 그들을 따로 교육시키고 있는지도 모른다. 어쩌면 그 두 직원 때문에 업무 속도가 더 느려져 팀이 비효율적으로 운영되고 있을 수도 있다.

　어떤 상황이든 직원들이 대화를 통해 경영진과 공감을 이루기는 쉽지 않다. 하지만 대화를 통해 보이지 않는 문제들을 수면 위로 올릴 수는 있다. 상사에게 면담을 요청하고 이렇게 질문을 해보면 어떨까?

　"일손이 너무 부족해 일을 아무리 열심히 해도 원하는 결과를 얻기 어렵습니다. 물론 저희는 지금 회사에 무슨 일이 있는지 상황을 다 알지는 못합니다. 하지만 지금 사람을 구하고는 있는지 현재 상황을 알고 싶습니다."

◆

　　　　　일하는 사람의 입장에서 친절하면서 솔직하게 지금의 상황을 이야기하고 궁금한 것을 콕 집어 질문하면 상사도 솔직하게 대화에 임할 수밖에 없다. 그럼에도 불구하고 문제가 해결이 되지 않을 때는 어떻게 해야 할 것인가?

　하나는, 어려운 시기를 같이해야 한다 생각하고 버티는 것이다. 직장이 내 가족은 아니지만, 오랜 시간 함께 일해온 동료들을 생각하면 내가 힘들다고 해서 중간에 박차고 나가기는 어렵다. 계속 문제를 제기하고 해결을 촉구하면서 조금 더 참고 기다리는 것이다. 그러다 보면 일은 자연스럽게 풀리기도 한다.

　아니면, 당장 그만두고 다른 직장을 구한다. 동료애도 좋지만, 내 건강과 가족을 생각하면 더 이상 참지 말고 행동에 나서야 할 때가 있다. 최선을 다해도 일이 해결되지 않고 힘든 상황이 계속되면 끝까지 참을 필요는 없다. 그런 상황이 계속되면 피로와 스트레스가 쌓이고 건강에도 좋지 않다. 차라리 나의 선택에 대한 책임을 지고 다음 행동에 나서는 것이 현명할 것이다. 내 인생을 책임지는 것은 나니까!

Q "하지만 그러면 동료들은 어떻게 해야 할까? 이미 일손이 부족하고 힘든 상황 속에서 나까지 그만두면?"

A 정신적으로든 육체적으로든 내가 너무 지쳤다면 동료들에게도 도움이 되지 못할 것이 뻔하다. 이런 상황에서 부득이 직장을 그만두는 건 누가 봐도 존중할 수밖에 없는 결정이다. 현실을 인정하고 정리하는 게 서로에게 좋다. 나라면 다음과 같이 행동할 것이다.

1   **책임** : '결정권은 나에게 있어'라고 생각하면 괜한 피해의식을 없앨 수 있다.
2   **공감** : '내가 모든 것을 다 알 수는 없잖아'라고 생각하면 상사나 회사를 비난할 이유가 없어진다.
3   **호기심과 친절한 솔직함** : "정확히 무슨 일인가요?"라고 물어보고 생산적인 대화를 나눈다.
4   **책임** : 남거나 떠나거나 간에 스스로 결정을 내린다.

그리고 퇴사를 결정했다면, 상사와 만나 나의 결심을 이야기해 주는 것이 좋다.
"지금 상황이 굉장히 어렵다는 것 잘 알아요. 앞으로 모든 일이 잘 풀렸으면 좋겠어요. 떠나는 건 너무 아쉽지만 저에게 좋은 기회가 와서 고민 끝에 결정을 내렸습니다."
새로운 직장을 구해 떠나면서 남은 동료들에게 상사나 회사를 비난하는 것은 옳지 않다. 그들도 당신처럼 힘들어서 떠나고 싶을 텐데 남기로 한 데는 저마다의 이유가 있기 때문이다. 그들을 감히 동정하고 위로하려 들지 말고, 행운을 빌며 품위 있게 떠나라.

당신의 인생을 바꿔 줄 35가지 조언

**Scenario
13**

사업을 하고 싶은데,
부모님이 반대할 때

당신은 SNS에 취미를 공유하면서 커뮤니티를 키우고 있는

젊은 사업가다. 하지만 일을 시작만 해놓고 마무리를 못했던

전적 때문에 부모님은 당신을 믿지 못하신다.

이번에는 틀림없는 일이라고 열심히 하겠다고 아무리 설득해도

부모님은 의심의 시선을 거두지 않는다.

어떻게 해야 할까?

●

'공감'과 '책임감'이 제일 먼저 떠오른다.

부모님께 나의 사업 구상을 아무리 설명해도 이해를 얻기가 쉽지 않을 것이다. 인터넷 쇼핑몰 사업이나 인플루언서가 되는 것은 눈으로 확인할 수 없는 일이기에 뜬구름 잡는 일쯤으로 생각하고 계실 공산이 크다. 부모님의 입장에서 인터넷이나 SNS는 익숙하지 않고 너무나 낯선 세상이다. 그러니 인플루언서가 무슨 일을 하는지 그것이 어떻게 돈벌이가 되는지 이해 못 하시는 것도 당연하다.

부모님도 한때는 그들 부모님의 어린 자녀였고, 그때는 지금의 당신처럼 자식을 믿어주지 않는다고 부모님을 원망하고 화도 냈을 것이다. 당신 눈에 비친 지금의 부모님은 어떤 모습인가? 아마 십중팔구는 바뀐 세상을 너무 모르고 고집 센 모습으로 비추어질 것이다.

하지만 시작만 요란하고 마무리를 잘하지 못한 모습을 계속 보여왔으니 서운함을 품을 것이 아니라 당신이 책임져야 한다. 부모님이 안심하실 때까지 더 많은 정성과 노력을 기울여야 한다.

그러려면 내가 하는 일을 과장해서 떠들지 말아야 한다. 제대로 일을 시작도 하기 전에 성공했을 때 거둘 부의 열매와 장밋빛 전망에 대해 미리 떠든다면 그만큼 어리석고 민망한 일도 없다. 해야 할 일에 집중하지 않고 열매를 거두어 얻을 부와 명성에 한눈을 팔다가 추락한 사람들의 예를 나는 많이 알고 있다.

◆

　　　　　나의 경우는 앞으로 내가 하고 싶은 일이나 시작한 일에 대해 거리낌 없이 사실대로 이야기를 하는 편이다. 미리 샴페인을 터뜨리는 것도 아니고 그 어떤 누구에게 허락을 받거나 눈치를 볼 필요가 없기 때문이다. 하지만 다른 사람의 말에 많이 휘둘리는 사람이라면 입을 닫고 자신의 꿈을 이루기 위해 조용히 노력하는 것이 좋다.

　나에게 말을 거는 청년들 중 열의 아홉은 부모님의 용돈을 받아 생활한다. 부모님의 집에서 먹고 자거나, 월세를 지원받거나, 헬스장 이용료나 심지어 사업에도 금전적인 도움을 받고 있다. 만약 부모님의 도움 없이 혼자서 모든 걸 해결할 수 있다면 사업을 시작할 때 처음부터 끝까지 의논하거나 그들의 허락을 받을 필요는 없다. 그러나 부모님의 지원과 도움으로 시작하는 사업이라면 이야기는 달라진다.

　혼자 힘으로 자립하면 모든 권한과 결정권은 나에게 있다. 택시 대신 버스와 지하철을 타고 작고 허름한 원룸에서 빵만 먹으며 생활해야 할지 모르지만, 대신 더욱 자유로운 삶을 살 수 있다.

Q "부모님에게 반항하는 것 자체가 나에게는 동기부여가 되는 것 같다. 부모님이 틀렸다는 것을 증명하기 위해 노력해도 괜찮지 않을까?"

A 불안과 두려움, 분노, 그리고 증오 같은 부정적인 에너지도 단기적으로는 성공에 도움이 될 수 있다. 나를 도와주지 않는 세상에 대한 원망과 다른 사람들이 틀렸음을 증명하고 싶은 그 에너지를 사용해 성공에 이를 수도 있다.

하지만 '단기적으로는'이라고 앞에 단서를 붙였다. 그 에너지가 과연 얼마나 지속 가능할까? 시작을 가능하게 하는 동력은 될 수 있겠지만 그 화력은 세지 않고 지속성이 없다.

그리고 더 중요한 것은, 그 마지막이 과연 기쁘고 행복할까?

분노와 불안 등은 잠깐 에너지를 줄 수 있지만, 그뿐이다. 오히려 시간이 지나면 우리를 어둡고 무서운 골짜기로 데려간다. 마치 〈스타워즈〉와 비슷하다. 악당들이 성공하는 경우도 있지만, 마지막에는 제다이가 승리한다.

당신의 인생을 바꿔 줄 35가지 조언

Scenario 14

갈수록 신규고객 확보가
어려워질 때

◇

당신은 고객에게 서비스를 제공하는 사업을 하고 있으며,
새로운 고객을 유치하기 위해 노력 중이다. 그런데 처음 통화할 때는
관심과 호감을 가지고 대하던 예비고객들이 비용을 언급하는 순간
서둘러 전화를 끊는다. 기존의 고객은 같은 비용을 내고
서비스에 만족했는데, 신규고객은 확보하기가 쉽지 않다.
어떻게 해야 할까?

●

이 시나리오도 만만치 않다.

1) 신규 계약을 맺는 게 쉽지 않겠지만 포기하지 않고 새로운 고객을 찾아야 한다.

2) 고객의 요구에 탄력성 있게 응대할 필요가 있다. 고객의 신뢰를 얻는 것이 중요하다.

3) 경쟁이 심해지면서 20만 원을 지불하고 받았던 서비스를 10만 원에 받길 원하는 고객이 많아졌다. 내 서비스의 가치를 다시 한번 고민해 보자.

'인내심' '자기인식' 그리고 '확신'을 가지는 것이 중요하다.

고객에게 요구하는 비용이 내가 제공하는 서비스의 정당한 가치라는 확신을 가져야 한다. 그런 중에도 자기인식과 겸손함을 가지고 과연 내 서비스가 합당한 금액인지 재고해 봐야 한다. 사진 촬영 한 번에 20만 원, 헤어커트 10만 원, 혹은 집 대청소에 40만 원을 받을 가치가 되는가? 내가 고객이라면 만족할 것인가?

당신은 고객에게 요구하는 비용이 정당한 것인지 고민하고, 인정할 것은 인정하는 자기인식이 중요하다.

**Follow-up
Question**

Q **"나는 정당한 비용을 요구하는데, 예비고객들은 계속 비용을 낮추려고 한다. 어떻게 해야 할까?"**

A 자신에 대한 믿음과 책임감의 문제이다.
"그건 어렵습니다"라고 충분히 말할 수 있어야 한다.

지난 한 달 동안 나는 40개가 넘는 강연 요청을 거절했다. 강연료가 내 기준과 맞지 않아서였다. 솔직히 그중 몇 개는 강연료가 낮아도 응하고 싶었는데 타이밍과 브랜드 가치 등 여러 가지 요소를 고려해 강연료를 낮추지 않기로 결정했다.

고객이 원하는 금액에 서비스를 제공할 수 없으면 부드럽게 거절하면 된다. 고객의 니즈에 모든 것을 맞출 수는 없다.

그런데 만약 금액을 낮춰 일을 맡았다면, 금액은 잊고 최상의 서비스를 제공하는 것이 옳다. 평소 20만 원을 받는데 10만 원을 받게 되면 뭔가 기운이 빠지면서 최선을 다해 일을 하기가 쉽지 않다. 대부분의 사람들이 그렇다. 확실히 일을 덜 열심히 한다. 하지만 그렇게 되면 고객과 마찰이 생기고, 작업 결과가 좋을 리 없고, 서로 반감을 품고 헤어지게 된다. 그런 일이 거듭될수록 후기와 평판이 나빠지고, 고객은 줄어든다.

20만 원을 받아야 하는데 10만 원에 합의했다면, 마치 30만 원을 받은 것처럼 일하라. 실망과 분노를 표현하지 말고 환한 미소와 긍정으로 대체하라. 그렇게 일하면 반드시 보상은 돌아오게 되어 있다.

감사함과 겸손함, 그리고 친절을 기억하라. 평소에는 시간당 35만 원인데 어떤 고객에게 30만 원을 받기로 했다면, 고객에게 5만 원을 뺏긴 것이 아니다. 시간당 30만 원의 수입에 감사하고, 친절함을 베풀어라. 그리고 나의 노동과 서비스로 돈을 벌 수 있음에 감사하라.

Scenario
15

연봉이 적다고 느껴질 때

───────────◇───────────

당신은 한 회사에서 몇 년 동안 열심히 일했다.

함께 일하는 동료들은 일을 잘한다고 당신을 인정하는데,

일한 만큼 연봉을 못 받고 있다는 생각이 든다.

회사가 최근 예산 삭감을 진행하고 있어서 신경이 쓰이지만,

연봉을 제대로 올려받고 싶다.

어떻게 해야 할까?

●

차분한 태도를 잃지 않고 상사에게 솔직하게 이야기해 보자.

"제가 좋아하는 일을 할 수 있어서 얼마나 감사한지 모릅니다. 앞으로 제가 받고 싶은 연봉은 얼마입니다. 그 이유는 이렇습니다."

연봉이 올라야 하는 이유를 하나하나 밝히면 상사는 그 즉시 혹은 나중에라도 자신이 생각하는 바를 알려줄 것이다.

협상은 논쟁이 될 필요가 없다. 하나하나 구체적인 생각을 이야기하고, 그에 대해 구체적으로 답변하면 된다. 그 답변이 성의 있고 충실한 것이면 감사함을 표하면 된다.

만약 상사가 여러 가지 이유를 들어 연봉 인상이 어렵다고 할 때 그 이유가 이해가 되면 받아들이고 더 열심히 일하면 된다. 반대로 받아들이기 어려우면 감사한 마음으로 웃으며 자리를 정리하고 자신이 원하는 곳으로 떠나면 된다. 중요한 것은 결과가 어떠하든 감사함을 잃지 않는 자세이다. 서운함과 분노를 그대로 나타내며 자리를 박차고 나가는 행동은 하나도 도움이 되지 않는다. 책임감과 확신, 겸손도 함께하면 무적이 된다.

◆

이 책을 통해 인생의 운전석에는 다른 사람이 아니라 당신이 운전자의 신분으로 앉아있다는 사실을 잊지 않았으면 좋겠다. 회사는 계약상의 조건을 이행하는 것 말고는 큰 관심이 없다. 연봉 인상이나 승진은 회사의 규정에 따라 이루어지는 것이 보통이다. 실적이 뛰어난 직원에게는 그 실적에 따른 포상 규정이 따로 있을 것이다.

그렇다고 너무 수동적인 자세로 회사생활을 한다면 즐거움과 보람은 찾기 어려울 터, 직원들도 눈을 크게 뜨고 내가 다니는 회사에 관심을 기울여야 할 것이다. 회사만 직원을 살피고 판단하는 것이 아니다. 직원도 회사를 살피고 판단할 필요가 있다.

출퇴근이 너무 싫고 직장이 감옥처럼 여겨진다면 거기엔 분명 문제가 있다. 문제를 외면하고 지내다 보면 나중에는 자신을 향한 불신과 분노가 걷잡을 수 없이 터져 나온다.

잊지 말아야 할 건 아무리 답답한 상황에 처해 있더라도 우리에겐 선택권이 있다는 사실이다. 새로운 일을 찾을 용기와 자유는 누구에게나 있다. 자유민주주의 사회에 사는 우리에게는 누구나….

Follow-up Question

Q "왜 협상을 친절하게 해야 하는가? 원래 협상은 공격적인 것 아닌가?"

A 두려움이 많은 사람은 '대립'과 '공격성'을 자주 헷갈린다. 협상을 할 때도 자신이 원하는 결과를 얻지 못할 거라는 두려움을 안고 있다. 상대방에게 너무 솔직한 이야기를 들을까봐 무섭기 때문이다. 그건 친절도 마찬가지다.

그런데 사람들은 대부분 진실을 이미 알고 있다. 디자이너 중에 누가 가장 실력이 뛰어난지, 팀원들 중에서 누가 가장 성실하고 열심히 일하는지 말이다. 하지만 진실을 인정하지 않는 것은 책임을 지고 싶지 않은 심리와도 맞닿아 있다. 그래서 불평을 많이 한다. 나름대로 아픔에 대처하는 소극적인 방법인 셈이다.

협상을 할 때 미소와 친절은 기본이다. 이 책을 통해 당신이 '친절'을 포함한 성공요소들을 확실히 깨닫고 협상을 포함해 적재적소에 적용시키며 불평 대신 책임 지는 모습으로 앞으로 나아갔으면 한다.

당신의 인생을 바꿔 줄 35가지 조언

취업 기회를 얻었지만
잘할 자신이 없을 때

당신은 새로운 커리어를 시작하려고 한다.

경험을 얻기 위해 각 기업의 임원 100인에게 메일을 보내 인턴으로

일하고 싶다고 요청했다. 다섯 명이 잘 받았다는 회신메일을 보냈고,

그중 한 명은 직접 통화를 제안했다.

당신은 이 프로젝트를 통해 꼭 취업에 성공하고 싶다.

어떻게 해야 할까?

●

통화를 요청해온 사람이 매니지먼트사의 임원이라고 가정해 보자.

제일 먼저 그에게 내가 인턴으로 참여할 경우 어떤 일을 하게 되는지 물어보고, 내가 잘할 수 있는 일인지 살펴봐야 한다. 새로운 기회가 찾아왔을 때 가장 중요한 건 내가 잘할 수 있는 일인지, 그 역할을 제대로 수행할 수 있을지 판단하는 것이다.

만약 그 임원이 소속 연예인의 일정을 관리하고 체계적으로 정리해 주기를 원한다고 하는데, 당신이 꼼꼼하고 세부적인 업무에는 자신이 없다면 어떻게 대답할까? 나라면 솔직하게 나를 소개할 것이다.

"제가 에너지와 열정은 넘치지만 조금 덜렁대서 가끔 디테일을 놓치는 경향이 있어요. 그런 일은 없겠지만 만약 일정 하나를 잘못 잡거나 빠트리는 실수를 하게 되면 어쩌지요? 물론 그런 실수를 절대 하지 않으려고 엄청 노력할 거예요. 그런데 저의 성향에 대해 솔직하게 말씀드리는 것이 중요하다 싶어서요."

모르는 사람에게 나의 결함부터 이야기하는 건 결코 쉬운 일이 아니다. 며칠 동안 100인에게 메일을 보냈고, 그중 직접 통화하자는 회신을 단 한 명에게서 받았을 경우라면 더더욱 그럴 것이다.

하지만 내가 해야 할 일이 일정관리와 체계적인 정리라면, 평소 내가 그런 일에 가장 취약하고 자신이 없다면 고민에 빠질 수밖에 없다. 꼼꼼하지 못해 디테일을 잘 놓치는 스타일인데 만약 실수라도 하면 회사에 큰 피해를 입힐 수 있기 때문이다. 맡은 일은 뭐든 잘할 수 있다는 자신감도 중요하지만 이럴 땐 솔직함이 더 중요하지 않을까?

이런 기회가 다시 없을지도 모른다는 어두운 전망 대신, 내가 잘할 수 있는 일이 또 있을 거라는 긍정적인 마인드와 인내심이 필요하다.

◆

사람들은 어쩌면 일자리를 찾지 못할 것이라는 불안감 때문에 잘 알지도 못하는 일에 뛰어들기도 한다. 그런데 막상 해보니 역시 나의 일이 아니다. 우왕좌왕 속에 시간은 흘러가고 더 큰 수렁에 빠지게 된다.

나는 개인적으로 당신이 어떤 선택을 하든 상관하지 않는다. 당신이 처한 상황이 어떤지도 알 수 없다. 하지만 절박한 상황일수록 더욱 냉정하게 현실을 직시해야 한다. 막연한 낙관만으로는 아무것도 해결되지 않는다. '노력하면 못할 일이 없다'는 말도 자기주문일 뿐, 잘할 수 있는 일을 하는 것이 중요하다.

Follow-up Question

Q "고민 끝에 일을 시작했는데 몇 주 후 그 선택이 잘못된 판단이고 실수였다는 걸 알게 되었다. 어떻게 해야 할까?"

A 남의 눈을 지나치게 의식하는 사람들이 너무 많다. 잘 알지도 못하는 누군가의 한마디에 중요한 인생의 선택이 흔들린다. 원하지도 않는 대학의 학과를 선택하고, 모르는 회사에 지원한다. '다양한 경험을 쌓기 위해'라는 말은 사실 변명에 불과할 때가 많다.

물론 살다 보면 우연한 경로로 연결되어 생각지도 않은 일을 하게 될 때가 있다. 열심히 하다 보니 흥미가 생기고 적성에 아주 잘 맞는 일이어서 평생의 직업이 되면 그보다 멋진 일도 없을 것이다. 현실에서 그런 행운을 만나기는 쉽지 않지만, 불가능한 일도 아니다.

일을 시작한 지 3주 후, 열심히 배워보려 해도 잘 안 되고 영원히 적응이 안 될 것 같다는 생각이 들면 그만두는 게 현명한 선택이다. 억지로 하는 출근이 회사에 도움이 될 리도 없을 테니까.

너무 빨리 일을 그만두는 게 마음에 걸린다면(같이 일하는 동료들에게 부담을 준다고 생각되면) 자신의 장점을 업무에 최대한 활용할 수 있는 방법을 찾아보는 것도 방법은 될 수 있을 것이다.

하지만 시간과 노력을 낭비하고 싶지 않다면 최종선택을 앞두고 철저한 조사와 함께 냉정하게 판단해야 한다. 내가 앞으로 어떤 일을 하게 되는지, 정말 내가 잘할 수 있는 일인지 정확하게 파악하고 결정해야 한다.

동업자의 횡령 사실을
알게 되었을 때

당신은 사업 파트너와 50:50의 지분으로 동업을 하고 있다.
오랫동안 함께했기 때문에 누구보다 서로를 잘 안다고 생각한다.
당신은 영업을 맡아 매출을 올리는 데 집중하고,
파트너는 재무관리를 맡고 있다. 그런데 어느 날 회계사를 통해
깜짝 놀랄만한 사실을 알게 되었다. 그동안 파트너가 회사 돈을
집수리와 해외여행 등 개인적인 일에 유용해 온 사실이
드러난 것이다. 어떻게 해야 할까?

●

'내가 잘못했구나!' 나라면 이 생각이 제일 먼저 들 것 같다.

사업은 숫자로 운영된다. 동업자를 믿고 재무관리를 맡긴 것은 실수라고 할 수 없지만, 너무 믿은 나머지 모든 것을 맡기고 나 몰라라 한 것은 큰 잘못이다.

물론 두 사람은 영업과 재무 영역으로 각자의 역할이 정해져 있었다. 하지만 그럼에도 서로의 영역에 대해 각자 관심을 가졌어야 옳았다. 그런데 그렇게 하지 못했다.

이 상황에서 분노부터 표출하면 파트너는 당신이 두려워 더더욱 자신을 방어하려 할 것이다. 감정적인 반응만으로는 결코 긍정적인 결과를 기대할 수 없다. 나라면 이렇게 대화를 시작할 것이다.

"뭔가 이유가 있었을 거라 생각하네. 아니면 순간적인 실수든⋯. 내가 자네를 모르는 것도 아니잖나? 회사 돈을 왜 개인적으로 사용했는지 이해하기 쉽게 좀 설명해 주게."

◆

이해와 공감을 통해 상대의 마음을 여는 것이 첫 번째 단계다. 파트너에게 솔직하게 이야기할 수 있는 기회를 주면 만

191

족할 만한 대답을 들을 수 있을 것이다. 이때 파트너의 대답에서 상황이 이해되고 공감이 간다면 관계는 계속 유지될 것이고, 배신감에 치가 떨릴 정도면 애써 참고 유지할 필요가 없다는 게 내 생각이다.

나에게도 이와 비슷한 상황이 몇 번 있었지만 그때마다 대화로 바로 해결했다. 대화를 통해 서로를 이해하고 더 단단해진 관계도 있었다. 불미스러운 사건이 있어도 모든 관계가 파국에 이르는 건 아니다. 솔직한 대화 후, 서로의 입장을 이해하면 관계는 계속된다.

반대로 그런 상황을 절대 용납할 수 없는 사람도 있을 것이다. 만약 당신이 그런 사람이라고 해도 나는 이해한다. 사람들에게는 다 저마다의 사정이라는 게 있으니까.

당신의 인생을 바꿔 줄 35가지 조언

Scenario
18

위기의 상황에서
팀장의 자리를 맡았을 때

◆

당신은 삼촌의 회사에서 70명이 소속된 영업부 직원으로
일하고 있다. 영업부의 A과장과 그의 상사 B부장과는 함께
일을 하며 서로 친해졌고, 둘은 당신에게 멘토 같은 존재이다.
어느 날 저녁식사 자리에서 A과장과 B부장이 회사를 퇴사 후
새롭게 창업을 하겠다고 했다. 그리고 당신에게 함께 일하자고
제의했지만, 삼촌을 생각하면 있을 수 없는 일이라 거절했다.
결국 팀원 중 12명이 그 경쟁사로 이직했고, 당신은 갑작스럽게
영업부 팀장 역할을 맡게 됐다. 어떻게 해야 할까?

●

이 상황을 보니 '자기인식'과 '공감'이 가장 먼저 떠오른다.

당신은 회사에 남은 56명의 영업부 팀원을 먼저 생각해야 한다. 그들은 지금 어떤 기분일까? 14명이 무더기로 빠져나간 자리가 너무 휑해서 허탈감이 클 것이다. 어수선한 시기에 팀의 사기를 북돋우는 건 리더에게 아주 중요한 역량이다.

이때 필요한 건 감성지능EQ이다. 감성지능은 특히 사람들을 많이 대하는 팀장이나 관리직 직원에게 꼭 필요한 능력이다. 자신의 감정은 물론이고 구성원들의 정서까지 살펴서 조화롭게 이끄는 아주 정교하고 지적인 작업이기 때문이다. 팀장이라고 해서 꼭 에너지가 넘치고 외향적일 필요는 없다. 겸손과 공감능력을 잘 활용하면 부드러운 카리스마의 새로운 리더가 탄생하지 않을까?

예를 들어 팀을 처음으로 이끌게 된 월요일 오전에 팀원 56명 모두가 참석하는 회의를 열어 이렇게 대화를 시작하는 것도 좋은 방법이다.

"제가 여러분에 비해 나이가 어리다는 걸 잘 알고 있습니다. 아시다시피 이 회사는 제 삼촌이 운영하는 곳이고, 저는 어릴 적부터 회사를 드나들었죠. 얼마 전 생각지도 못한 일이 일어났습니다. 우리와 함께 일하던 분들이 회사를 나가서 우리의 경쟁자가 되었습니다. 어제는 동료였지만 이제부터는 경쟁자가 되었으니 우리는 이제 그들과 선의의 경쟁을 해야 합니다.

프로 스포츠처럼 팀을 떠났다고 무조건 적은 아니잖아요? 스포츠 팀은 필요에 의해 맞트레이드를 하기도 합니다. 저는 그렇게 가볍게 생각하려 합니다.

우리가 지금은 서로 라이벌 선상에 있지만, 이것도 비즈니스일 뿐입니다. 그들과 개인적으로 친하게 지내도 문제될 것은 하나도 없습니다.

다만 지금 여러분은 우리 팀 유니폼을 입고 있습니다. 하나의 유니폼을 입고 있는 동안에는 우리 경쟁 팀들을 이겨 봅시다. 확대해석할 필요도 없습니다. 우리는 단지 고객들에게 좋은 제품을 판매하면 되는 겁니다."

하기 싫은 일을 벗어나
새롭게 시작하고 싶을 때

당신은 금융권의 직장인이다.

일이 너무 싫지만 소득이 높고 안정적인 직장이라 그만두기 어렵다.

부양할 가족이 있으니 가족의 기대에 부응해야 한다.

취미로 디저트 맛집 리뷰 블로그를 운영하고 있는데,

직장을 그만둬도 괜찮을 정도의 광고 수입이 들어와 본격적으로

해볼까 고민하고 있다. 하지만 갑자기 포털 사이트의 알고리즘 변화로

블로그 광고 수입이 줄어들어서 이럴 수도 저럴 수도 없다.

어떻게 해야 할까?

●

만약 당신이 포털 사이트 중 딱 한 곳에만 블로그를 열고 SNS나 다른 채널(잡지 컬럼 투고 등)을 구축하지 않았다면, 결국 모든 것은 당신 탓이다. 페이스북, 인스타그램, 유튜브 등 여러 채널을 구축했으면 좋았을 텐데 왜 그러지 않았는지?

아무튼 지금 당신이 처한 상황을 긍정적으로 바라보자. 이 시나리오에서 보면 당신은 이미 많은 것을 이루었다. 대도시에 있는 금융권의 안정적인 직장에 다니며 높은 수입으로 가족을 잘 케어하고 있으니까.

더구나 취미로 시작한 맛집 리뷰 블로거 활동도 호평을 받아 광고 수입이 연봉을 상회할 정도까지 올라왔다. 몇 년 동안 한 포털 사이트에서만 활동한 건 실수일 수도 있지만, 성공 경험이 있으므로 당신은 앞으로도 잘할 것이다. 다양한 SNS 채널들을 새롭게 시작하고, 검색엔진 최적화SEO 등을 활용해 더욱 적극적인 활동을 해나가면 된다.

◆

그런데 현실적으로 본다면 여기서 가장 중요한 것은 당신이 지금 행복하지 않다는 사실이다. 다니기 싫은 직장에 다니며 내키지 않는 일을 밥벌이로 하고 있기 때문이다. 취미로 하는 맛집 리뷰 블로그의 광고 수입이 늘어서 이 감옥에서 빠져나올 뻔했는데, 광고 수입이 줄면서 상황이 또 바뀌었다.

나라면 먼저 아내와 솔직한 대화를 나눌 것이다. 지금 나의 상황을 솔직하게 모두 털어놓을 것이다. '내가 정말 하고 싶고 잘할 수 있는 일이 있는데, 직장을 다니면서 하는 것은 쉽지 않다. 게다가 지금 하고 있는 일도 적성에 너무 맞지 않는다. 내가 새로운 길을 가는데 응원해 줄 수 있겠는가'라고 말이다. 만약 아내가 내 뜻에 따라준다면 내가 좋아하는 일에 시간을 더 투자해 열심히 해 볼 생각이다.

하지만 아내가 지금의 환경과 생활 패턴을 유지하고 싶다고 하면 그 의견에 따를 것이다. 지금처럼 가족과 살면 된다. 하기 싫은 일을 계속해야 하지만, 시간이 좀 더 필요할 뿐이다.

당신의 인생을 바꿔 줄 35가지 조언

실적이 좋지 않아
정리해고 경고를 받았을 때

◆

당신은 회사의 영업팀장이다.

그런데 최근 팀의 실적이 좋지 않다. 지난 3분기 동안 당신이

이끄는 영업팀의 성과는 회사 내 하위 25%에 머물고 있다.

얼마 전 회사의 임원에게서 실적이 계속 밑바닥이면 당신뿐만 아니라

팀원들까지도 정리해고 대상자가 될 수 있다는 경고를 받았다.

어떻게 해야 할까?

●

　'모든 것이 내 잘못이구나!'라는 생각이 가장 먼저 들 것 같다. 우리 팀의 실적이 계속 최하위라면 그들을 이끄는 내 책임이 크니까 말이다.

　팀원들이 열심히 일하지 않았다거나 능력이 부족하다고 탓을 돌리면 마음이 편할까? 그럴 수 없다. 책임감 때문이다.

　이런 상황이라면 마지막이라고 생각하고 더욱 적극적으로 나서야 한다. 팀원 전체를 한 명 한 명 관찰하고 혹시 문제가 발견되면 개선을 위해 그들과 함께 대화하며 해결책을 찾아야 한다.

　열심히 일해 성과가 좋은 직원은 더욱 북돋우고, 혹시 슬럼프에 빠졌거나 노력에 비해 성과가 좋지 않은 직원에겐 격려를 아끼지 말아야 한다. 그리고 팀 전체에 좋지 않은 영향을 끼치는 직원이 있다면 매일 보는 사무실이 아닌 다른 공간에서 솔직하고 깊은 대화를 나눠보자. 이렇게 한 사람 한 사람이 무슨 생각을 하고 있는지, 그리고 그들이 바라는 게 무엇인지 면밀히 관찰해야 한다.

◆

　　팀원들끼리도 서로가 서로를 독려해 함께 발전해 나가는 생산적인 관계가 되어야 한다. 팀원들 각각을 살펴보면 경쟁

200

심이 유난히 강한 구성원도 있고, 동료애가 강해 무조건 양보하는 구성원도 있다. 한 사람 한 사람 모두 다르다. 그들 각자가 어디서 동기부여를 얻는지, 앞으로 이루고 싶은 꿈은 무엇인지 서로 확인하는 과정도 필요하다.

심층적인 대화를 통해 전혀 새로운 사실을 알 수도 있다. 업무 성과가 가장 뛰어난 팀원의 독주와 오만이 오히려 팀 전체의 분위기를 해치는 결과를 낳는다는 현실 말이다. 그 직원의 뛰어난 업무능력은 칭찬받아 마땅하지만, 팀 전체 분위기를 해치는 요인이라면 반드시 고쳐야 한다.

영업 교육을 한참 더 받아야 하는 실적이 바닥인 직원들은 어떻게 해야 할까? 그들은 기초부터 다시 공부하게 하고, 멘토를 붙여 영업 노하우를 전수해 주어야 한다.

◆

호기심이 많으면 창의적인 아이디어가 많이 떠오른다. 리더는 늘 팀에 활기를 불어넣어 직원들의 머리에서 탄생하는 아이디어를 모으는 사람이다. 대화를 통해서도 새로운 아이디어는 탄생한다. 팀원들 모두 경쟁심이 강한 편이면, 모두가 재미있게 참여할 수 있는 게임으로 분위기를 유도하는 것도 좋은 방법이다.

Scenario
21

업무 과부하로
실수가 잦아질 때

당신은 최근 전략기획 부서로 배치를 받았다.
이 부서에서 맡고 있는 업무는 디테일이 요구되는 중요한 행정
업무이다. 당신은 그 업무가 익숙하지 않아 매일 야근을 밥 먹듯이
하고 있지만 일이 해결될 기미가 보이지 않는다.
사람들이 보내는 이메일을 하나하나 확인해야 하는 것도
큰 부담이다. 중요한 의견이나 미팅 요청 메일을 가끔 놓치는
바람에 함께 일하는 직원들도 답답해하고 있다. 부서 이동이나 관련
교육을 요청했지만 회사 사정상 어렵다고 한다. 결국 업무 과부하를
해결하기 위해 상사에게 면담을 요청했다. 무슨 말을 해야 할까?

●

이 시나리오에서는 당신의 업무 미숙과 과부하로 인해 팀 전체가 힘들어하고 있다. 동료 직원들도 불편해할 정도이니 상사도 모를 리 없을 것이다. 커뮤니케이션의 중요성이 여기에 있다. 당신은 자신의 상황을 정확하게 인식하고 동료들에게 그 사실을 고하며 도움을 요청해야 한다.

자기인식은 자신의 장단점만 깨닫게 해주는 것이 아니라, 실제 능력을 더 정확히 파악할 수 있도록 도와준다. 단점이 무엇인지 정확히 알게 되면 겸손은 저절로 따라오게 돼 있다. 자기의 실수와 단점을 인정하고 고백하는 것만으로 문제는 절반 이상 풀린 게 아니겠는가.

◆

책임감은 그 어떤 조직에서도 승진하는 데 가장 중요한 기준이 된다. 계속해서 승진에서 밀리는 사람들의 가장 큰 공통점은 책임감 부족이다. 동료들과 상사에게 믿음을 주지 못하고 문제가 생기면 남의 탓으로 돌리는 점이 비슷하다.

내가 이 시나리오의 주인공이라면, 상사에게 면담을 요청하기 전에 이런저런 해결방법을 모색해 볼 것이다. 메일을 확인하여 요점을 정리하고 종류별로 분류하는 작업에 익숙해지기 위해 출근과 함께 제일 먼저 메일함을 열고 그 작업에 임하다 보면 익숙해져서 일에 탄력이 붙을 수도 있다.

그리고 팀원들에게 자신의 상황을 솔직하게 이야기하여 업무를 적절히 안배하고 조절하는 것이 상사에게 면담을 요청하는 것보다 훨씬 현실적이다. 만약 부서 이동을 승인받더라도, 같은 부서 동료들에게서 받는 따가운 눈총은 어쩔 것인가.

이렇게 팀원들과 먼저 업무를 조정한다면 상사와의 면담에서 다른 요구사항을 아주 편한 마음으로 전달할 수 있을 것이다.

당신의 인생을 바꿔 줄 35가지 조언

Scenario
22

SNS를 통해
나를 어필하고 싶을 때

당신은 지난 두 달 동안 꾸준히 SNS에 오디오, 영상 그리고

자신만의 블로그 콘텐츠를 올렸다. 팔로워 수가 좀 증가하긴 했으나

노력한 만큼 신규 유입이 되지는 않았다.

이대로 계속해야 하는지, 혹은 전략을 바꿔야 하는지 고민된다.

어떻게 해야 할까?

●

이 시나리오에는 12가지 원칙이 전부 다 필요하다.

현재를 살아가면서 나를 알릴 수 있는 가장 좋은 방법은 SNS를 통해 세상과 소통하는 것이다. 그러므로 지금 가장 많은 관심을 받고 있는 플랫폼에 콘텐츠를 만들어 올리는 것이 세상에 자신을 알리는 가장 빠른 지름길이다. 취업을 준비 중이든, 사업을 키우든, 시장 선거에 출마하든 뭘 하든 마찬가지이다.

- **감사함** : 세상과 쉽고 편하게 소통할 수 있는 시대에 살고 있는 것에 감사한다. 우리 조부모가 살던 시대라면 꿈도 꿀 수 없었던 많은 일들이 지금 벌어지고 있다. 인터넷을 통해 수많은 정보를 얻고 사람들과 소통하고 나를 알릴 수 있다. 인터넷 덕분에 우리 앞엔 엄청나게 많은 기회가 열려 있다.
- **자기인식** : 내가 지금 올리는 콘텐츠가 내 강점이 가장 잘 부각된 것인지 자문해 보자. 사진을 찍어 이미지를 올리는 방식이 더 좋은지, 나의 글이 사람들을 더 매료시키는지, 이 둘을 결합하면 또 어떤지 자문하고 또 자문하라.

당신은 평소 에너지 넘치는 모습을 보여주려 노력하지만 사실은 엄청 내성적이어서 카메라가 불편하고 어색할 수 있다. 그런데 글을 쓰는 일은 언제나 자신 있다. 그렇다면 글을 중심으로 한 콘텐츠가 당신에겐 훨씬 잘 어울릴 것이다.

나는 내가 글을 잘 쓰는 사람이면 너무 좋겠는데, 그런 재능이 없다. 그래서 이 원고를 말로 풀어 음성으로 녹음해 기록하고 있다.

- **책임감** : 모든 것이 나의 책임이라는 걸 인정하면 마음이 편안해진다. 언뜻 생각하기에는 나의 자유를 제한하는 것 같지만 그렇지 않다. 고치고 싶은 것을 고칠 수 있는 권한이 내게 있다는 뜻이다.

- **긍정** : '내가 쓰는 글이 독특하고 너무 좋아서 팔로워 수도 늘어날 거야!'라고 생각하면 글을 쓰는 손길이 경쾌해지며 글도 더 잘 써진다. 부정적인 생각을 하기 시작하면 잘 쓰던 글도 자꾸 막힌다. '나는 이런 일에 잘 안 맞나 봐!'라고 생각하면 어느 날 그 생각은 사실이 되고 말 것이다.

- **공감과 겸손** : '왜 사람들이 찾아와 내 글과 영상을 볼까? 이 바쁜 세상 속 수많은 사람 중에 내가 뭐라고!' 세상에 볼 것은 많고, 나는 그저 지나가는 한 사람일 뿐이다. 잘 보이기 위해 과장되거나 사람들을 현혹시키는 글은 쓰지 말자.

- **확신** : 겸손함도 좋지만 나와 내가 만드는 콘텐츠에 대한 확신을 가지는 것이 중요하다. 내게는 다른 사람이 모르는 나만의 세계가 있다. 다른 사람들이 알지 못하는 책과 영화 혹은 조경, 와인,

체스 등의 지식이 상당하다는 것을 굳게 믿는다.

- **친절** : 새로운 도전을 할 때는 나에게 관대하고 친절해야 한다. 완벽하지 않은 내가 용기를 내어 새로운 시도를 하는 것이다.
- **끈기** : 시작한 지 아직 두 달밖에 되지 않았기에 끈기를 가져야 한다. 처음부터 대박을 터트리는 경우는 드물다. 사람들은 대부분 일생 동안 한 번도 대박을 경험하지 못한다. 내가 처음 '와인 라이브러리TV'를 시작했을 때, 친구 몇 명 외에는 아무도 시청하지 않았다. 매주 이메일 뉴스레터로 새 영상을 소개했는데, 아무도 거들떠보지 않았다. 시간이 지나 보니 사업을 만들고 키우는 데는 생각보다 더 많은 시간이 필요하다는 것을 알게 되었다.
- **호기심** : 생각해 보니 이 시나리오에서 호기심은 별로 필요 없는 것 같다.
- **인내심** : SNS에서 나를 팔로우하고 있다면, 내가 평소 인내심을 얼마나 강조하는지 잘 알 것이다. 끈기와 비슷한 말 같지만, 인내심을 가져야 모든 것을 극복하고 원하는 걸 이룰 수 있다.
- **야망** : 애초에 이 사업을 왜 시작했는지, 왜 키우고 싶은지 스스로에게 질문하라.

이 책에서는 12가지의 원칙을 소개하고 있지만, 앞으로는 16가지 혹은 24가지로 늘어날 수도 있다. 인생은 참 재미있다. 어떤 일이 기다리고 있을지 모른다는 점에서 흥미롭기 짝이 없다.

갑자기 모든 것이
귀찮아졌을 때

◆

당신은 꽤 오랜 시간 사업을 운영하고 있으며 지금의 일이 진심으로
즐겁다. 이전 직장에서 나올 수 있었던 것도 이 사업 덕분이다.
사업을 더 큰 규모로 키우고 싶은 야망도 있다.
그런데 어느 날 아침에 일어나니 출근하기도 싫고 모든 게 귀찮다.
어떻게 해야 할까?

●

　1년 중에 보통 1~2주 정도는 일이 너무 하기 싫을 때가 있다. 이유는 다양하다. 내 생각대로 일이 진행되지 않을 때, 그런 순간이 너무 오래 지속될 때, 실망스러운 일들이 연이어 일어날 때…. 어느 정도의 어려움은 극복할 수 있지만, 너무 센 직격탄을 맞으면 충격이 크다.

　그런 날이면 나는 감사와 겸손, 끈기 그리고 긍정적인 마음을 모두 동원한다. 감사함을 품으면 내가 겪는 문제들에 대해 다시 생각하게 된다. 사실 나는 내 가족의 건강이 가장 감사하고 중요한 사람이다. 그것에 견주면 지금 겪는 어려움은 별것이 아니라는 생각이 든다. 절로 힘이 솟는다. 겸손함은 내가 세상 속에서 얼마나 작은 존재인지 상기시켜 주고 마음을 다독여준다. 내가 뭐 그렇게 잘난 사람도 아니고, 다른 사람들이 그런 것처럼 나도 어려움을 겪을 수 있다.

　감사함과 겸손함은 내가 어려움과 스트레스를 잘 받아들일 수 있도록 도와주고, 끈기와 긍정은 그 문제를 해결할 수 있게 해준다.

◆

　　　　　나는 가끔 주말이나 휴가 기간에 완전히 세상과 단절된다. 스스로 선택한 것이다. 그 단절이 나의 삶에 균형을 잡아준다. 꾹 참고 계속 일만 하는 것이 능사가 아니다.

예를 들어보자. 할머니가 중한 병에 걸렸다는 슬픈 소식을 접하게 됐다. 슬픔을 참고 출근했다. 그런데 슬픔은 참는다고 해서 참아지는 게 아니다. 나도 모르는 새 나의 슬픔은 동료들에게 전파될 수 있다. 업무 중에 직원들과 마찰이 생길 수도 있다. 동료의 중요한 질문을 귓등으로 흘려들어 그로 하여금 서운함을 품게 할 수도 있다.

이런 상황에서는 그 누구보다 자신에게 솔직해야 한다. 꼭 필요한 것을 줘야 한다. 휴식을 취하거나 슬픔에 잠길 시간이 필요하다. 자신의 업무나 사업에 늘 열과 성을 다하는 건 좋은 자세이지만, 가끔 특별한 일이 있을 때는 하루 이틀 쉬어가도 된다. 정신건강을 위해서도 꼭 필요한 휴식이다.

한마디로 균형이 필요하다는 말이다. 눈앞의 것만 생각하지 말고, 성실한 자신에게 너무 도취하지 말고 꼭 필요한 것은 허용하는 것이 좋다. 장기적인 관점에서 봐도 그렇다. 그날그날 하루에 너무 매달리지 않을 때 에너지와 여유가 생긴다.

◆

어느 날 아침 날씨가 너무 좋아서 바닷가에서 하루를 보내고 싶다는 생각이 마구 든다면 어떨까? 내가 없어도, 하루 출근하지 않아도 무방한 날이라면 그렇게 해도 좋다. 나에게 지금 꼭 필요한 게 무엇인가? 하루하루 눈앞의 작은 일에 너무 파묻히지 말고, 전체적인 여정을 생각하라.

Follow-up Question

 Q "어느 순간부터 휴식이 게으름이 되는가?"

 A 내가 만약 이 시나리오의 주인공이고 이런 상황이라면, 가볍게 자신에게 말을 걸 것이다.

"지금까지 정말 열심히 달려왔지, 피곤할 만도 해! 오늘은 컨디션이 안 좋은 것 같으니 슬슬 하지 뭐."

야망이 큰 사업가들은 컨디션을 따지지 않고 열심히 일한다. 나에게도 그런 성향이 없잖아 있지만, 나는 그때그때 상황에 맞춰 행동하는 편이다.

출근은 운동과 비슷하다. 아침에 눈 뜨자마자 운동하러 나가고 싶은 사람이 몇이나 있겠는가! 하지만 또 억지로 일어나 몸을 움직이다 보면 자연스럽게 운동을 끝마치게 된다. 지난 6년 동안 나는 그렇게 운동을 해왔다. 가끔 피곤해서 몸이 말을 안 들을 때는 스스로에게 휴식을 선물하기도 한다.

지금 당신의 상황을 정확히는 모르겠다. 억지로 몸을 일으켜 운동하는 사람들처럼 억지로 출근을 하는 게 좋은지, 아니면 정말 피곤해서 번아웃 상태에 이른 것인지…. 그렇다면 반드시 휴식이 필요하다.

정말로 휴식이 필요한 날일 수도 있다. 큰 문제가 생기지 않는 선에서, 나는 더 많은 사람들이 아침에 일어나 자신에게 휴식을 선물할 줄 알아야 한다고 생각한다.

212

Scenario
24

직원들이 자주 그만둘 때

당신은 작은 회사를 운영하고 있는데, 사업이 잘되어 규모를
확장하고 있다. 그런데 사무실 관리를 맡아줄 직원을
구하기가 너무 어렵다. 뭐가 문제인지 몇 개월 만에
자꾸 그만둬서 지금까지 벌써 다섯 명이 들어왔다 나갔다.
관리직원을 구하는 것도 이렇게 힘든데,
회사는 앞으로 잘 성장할 수 있을까?

●

책임감이 얼마나 중요한 것인지 이 글을 보며 다시 한번 절감한다.

직원들이 몇 개월을 못 버티고 그만두는 이유는 무엇일까? 먼저 그 원인을 찾아야 한다. 직원을 고용하는 사람은 나이기 때문에 사람들은 100% 내 잘못이라고 생각하지 않을까? 고용조건에 문제가 있는지, 나의 행동에 문제가 있는지, 내가 모르는 문제가 또 있는지 찾아야만 한다.

면접 때부터 그들이 사표를 내고 나간 시점까지 되감기를 해보자. 어쩌면 나의 소통방식에 고쳐야 할 부분이 있을지 모른다. 한편으론 면접을 더 신중하게 봐야 한다는 생각도 든다. 급하다고 꼼꼼하게 살펴보지 않은 책임도 있지 않을까?

좀 더 솔직하고 열린 자세로 인터뷰를 해야 한다. 다만 이때 솔직함이 너무 과해서 서로 부담이 되지 않도록 조심한다. 필요하다면 예전 직원들과 함께 일했던 좋은 경험을 공유할 수도 있을 것이다. 솔직하고 겸손한 자세로, 더 깊이 있고 유익한 대화를 이끌어내 꼭 필요한 인재를 채용해 오래오래 함께하기를 바란다.

5년 넘게 함께 일할 유능한 인재를 만나는 건 당신 손에 달렸다. 물론 행운도 따라 주어야겠지만….

당신의 인생을 바꿔 줄 35가지 조언

Scenario 25

동료가 내 업무영역을
침범할 때

당신은 함께 일하는 동료와 회사의 임원에게 인정을
받기 위해 열심히 일하고 있다. 이것이 물론 승진과 진급에
전혀 연관이 없다면 그건 거짓말일 것이다. 그런데 최근 들어
같은 팀의 동료가 당신의 업무를 슬금슬금 침범하고 있다는
느낌을 받고 있다. 왜 그러는 걸까? 이해할 수 없는 동료의 행동
때문에 당신의 실력과 성과가 가려질까 걱정이다.
어떻게 해야 할까?

●

    그 팀원은 왜 당신의 업무를 조금씩 침범하는 걸까? 일을 가로채어 자신의 능력을 과시하려는 걸까? 불순한 의도로 그렇게 하는 거라면 그냥 넘어갈 수 없지만, 어쩌면 당신의 오해일 수 있다. 당신이 실적이나 승진에 대한 욕망이 커서 그 부분에 민감한 것일 수도 있다.

    이때 '공감'으로 렌즈를 바꿔보자. 오해를 공감으로 바꾸면 모든 것이 달라 보인다.

    공감의 시선으로 바라보면 그 동료도 당신처럼 일밖에 모르는 사람일 수 있다. 보살펴야 할 가족과 성공을 위해 열심히 달리고 있을 뿐이라고 생각하면 된다.

    이처럼 자기인식과 공감능력은 중요한 역할을 한다. 열린 마음으로 바라보면 세상에는 이해하지 못할 일이 없을 듯싶다. 설령 그가 자기 욕심에 선을 넘었다 하더라도, 생각해 보면 괘씸함과 함께 짠한 감정이 교차한다. 나 또한 그와 다를 바 없지 않은가! 어쩌면 그는 당신이 능숙해 보이지 않아서 도와주고 싶은 것인지도 모른다. 아니면 워커홀릭이든가….

    과도한 의심은 팀의 분위기에도 영향을 끼친다. 동료로서의 그를 믿고 대화해 볼 것을 권한다.

Follow-up Question

Q "그 동료와 대화를 어떻게 해야 할까, 뭐라고 말을 꺼낼까?"

A 이런 상황에서는 공감과 책임감, 자기인식, 그리고 약간의 호기심을 담아 소통하는 것이 좋다.

"열심히 일하시는 모습이 보기 좋아요. 그런데 요즘 제가 해야 할 일에 조금씩 선을 넘어 온다는 느낌을 받았어요. 제가 오해한 건가요? 솔직한 얘기를 듣고 싶어요. 혹시 일 욕심이 많아서 일을 더하고 싶은 건지 알고 싶습니다."

이 질문에 상대방이 솔직하게 답을 해준다면 그동안 품었던 모든 의문이 풀릴 수 있다. 어쩌면 그 동료가 나의 일을 맡고, 나는 새로운 일을 맡을 수도 있다. 그런 일이 절대 일어나지 말라는 법은 없다. 이번 일을 계기로 서로 간에 더 큰 책임감을 가지고 자신의 일에 전념하게 된다면 가장 좋은 결말일 것이다.

그런데 만약 대화를 성의 없이 마친 후 그의 행동이 바뀌지 않는다면, 상사나 인사팀에 면담을 요청할 필요가 있다. 상사들은 이런 일에 도통 관심 없고 무심하다고 생각하겠지만 그렇지 않다. 상사들은 직원들 간에 무슨 일이 일어나고 있는지 보이지 않는 곳에서 항상 관심을 가지고 지켜보고 있다. 나 역시 이 사례와 비슷한 경우를 우리 직원들 간의 일로 직접 목격한 적이 있다. 그러니 이런 일이 생기면 부담 갖지 말고 상사와 의논해 보자.

**Scenario
26**

신입직원이 회사 분위기에
적응하지 못할 때

◆

당신은 오랫동안 함께 일한 신뢰하는 직원 몇 명과 함께
회사를 키우고 있다. 그들은 당신의 인생 목표와 성격,
유머 코드까지 잘 알고 좋아한다. 새 직원이 들어오면 우리들의
이런 관계를 보고 깜짝 놀란다. 유난히 끈끈해 보이는 유대관계가
그들 눈엔 낯선 것 같다. 그러다 보니 신입직원들이
선배 직원들과 선뜻 잘 어울리지 못한다.
서로가 돈독한 유대관계를 형성하면 좋겠는데 쉽지 않다.
어떻게 해야 할까?

●

　안타깝게도 많은 회사에서 리더와 직원들이 잘 화합하지 않는 것은 물론, 직원들 간에도 입사연도나 직급에 따라 무리가 나뉘는 경우가 많다. 회사는 일하는 곳이라며 처음부터 믿음과 애착관계를 형성하지 않으려는 직원들도 있다.

　이때는 선배 직원들이 적극적으로 나서서 방법을 모색하고 더 다가가야 한다. 당신 역시 신입직원들이 빠르게 소속감을 느낄 수 있도록 1대1 면담을 하면서 마음을 터놓고 진심을 이야기해야 한다.

　나라면 이렇게 이야기할 것이다.

　"저와 선배 직원들이 너무 허물없이 지내니 이상해 보이죠. 수년 동안 함께 일하다 보니 우리는 서로를 잘 알고 있어요. 그만큼 서로를 믿고 친밀감을 느끼는 거죠. 이제 당신과도 그런 멋진 관계를 만들고 싶네요. 오늘부터라도 서로 허물없이 많은 대화를 나누었으면 좋겠어요."

◆

　　　　우리 회사에 새로운 직원이 들어오면 7, 8년 넘게 일한 직원들과 상사들의 친밀한 관계를 경외의 시선으로 바라본다.

그들은 근무연한이 한참이나 차이 나는 선배들에게 '세뇌당했다'라는 표현을 써서 우리를 당혹시킬 때가 있다. 회사에 세뇌당했다는 뜻이다. 하지만 나는 그 말에 오히려 어깨가 으쓱해진다. 유대관계가 너무 좋다는 칭찬으로 들리기 때문이다.

그들도 하루빨리 회사에 세뇌되기를 바라는 마음이다. 그래야 온 직원들이 한마음으로 더 즐겁게 일을 할 수 있지 않겠는가.

직원들 간에 의견 대립이 심할 때

직원 A와 B가 있다.

A는 직설적으로 피드백을 하는 스타일이고,

B는 그런 방식을 싫어한다. B는 A가 무례하다 비난하고,

A는 B가 현실적인 이야기를 받아들이지 못한다고 답답해한다.

A는 비판적인 피드백일수록 빠르고 명확하게 전달해야 한다고

배우며 자랐다고 한다. 당신은 상사로서 두 사람을

어떻게 대할 것인가?

●

　그럴리야 없겠지만 만약 상사가 "두 사람이 알아서 해결하시고, 해결이 안 되면 한 사람은 나가야죠. 어쩔 수 없지요."라고 말한다면 어떻게 될까?

　상사가 두 직원에게 알아서 해결하지 않으면 한 명은 해고될 것이라고 경고한 것이다. 당연히 상황은 더 안 좋아질 수밖에 없다. 자기가 밀려나지 않기 위해 두 사람은 끝까지 상대를 탓하며 물어뜯을 것이다.

　회사에서 일하다 보면 개인 간의 성격 차이로 인해 직원 A와 B의 경우처럼 끝까지 자기 방식이 옳다고 고집하는 이들이 의외로 많다. 이때 상사가 문제가 무엇인지 해결방안은 없는지 함께 고민하며 서로 간의 업무를 조율해 주며 일할 수 있는 환경을 만들어 주었다면 이런 충돌은 없었을 것이다.

◆

　　　　　두 사람 사이의 문제를 해결하는 데는 시간이 필요할 것 같다. 한두 번의 면담 정도로 해결할 수 있는 문제가 아니어서 인내심도 필요하다.

　두 사람의 반목이 깊으면 둘을 다른 프로젝트에 배치시킬 수도 있다. 만약 둘 중 한 명이 확실한 문제의 제공자이고, 면담 후에도 행동을 고치지 않는다면 극단적인 방법까지 고려해야 할 수도 있다. 하지만 나라면 끝까지 두 사람의 문제해결을 위해 노력할 것이다.

나는 긍정적인 마음과 확신, 그리고 친절한 솔직함으로 무장한 후 두 사람과 대화를 시작할 것이다.

"지금은 그냥 한 순간일 뿐이에요. 지금까지 있었던 모든 대화에서 문제가 있었다고 해도, 이제 우리 함께 해결해 봅시다. 앞으로 모든 게 완벽할 거라고 말할 수는 없지만, 그래도 의견 충돌을 조금씩 줄여가다 보면 서로를 이해할 수 있는 때가 오지 않을까요? 시작은 좋지 않았지만 이제부터라도 마음을 터놓고 대화를 하며 우리 함께 상황을 고쳐나가 봅시다."

프로젝트에 합류하지 않겠다는 직원이 있을 때

회사 매출의 큰 부분을 차지할 수 있는 클라이언트를
최근 새로 확보했다. 기대가 큰 만큼 당신은 회사 내에서
가장 유능하고 일 잘하는 팀을 배정시키려고 한다.
그런데 팀원 중 한 명이 그 클라이언트와는 일을 하고 싶지 않다며
프로젝트에 참여하지 않겠다고 선언했다.
어떻게 해야 할까?

●

　지금까지 베이너미디어를 키우면서 네다섯 번은 경험한 일이다. 종교적인 이유, 정치적인 이유 등 여러 가지 이유로 인해 이런 일은 종종 발생한다.

　일단 그 팀원에게 화를 내기보다는 공감을 표하는 것이 좋다. 나도 그런 경험이 있어서 충분히 이해한다고 말이다. 실제로 나도 과거에 한 클라이언트에 대해 그들의 제품이나 서비스가 나의 가치관과 너무 다르다는 이유로 제법 큰 프로젝트를 거절한 일이 있다. 나도 그랬으니 그도 얼마든지 그럴 수 있다. CEO가 되었다고 해서 무조건 그를 비난한다면 위선자가 아니겠는가!

　그런데 '회사 매출의 큰 부분을 차지할 수도 있는 클라이언트'라면 이야기가 좀 다르다. 회사 입장에서는 매출도 중요하므로 팀원 한 명이 반대한다고 그냥 포기할 순 없다. 그 팀원과 만나 이야기도 들어보고 대화를 통해 설득하는 수밖에…

　예전에 우리 회사에서 이런 상황에 맞닥뜨렸을 때, 그 직원과 마주 앉아 긴 시간 대화를 나누었다. 회사 측에서 보면 매출을 올릴 수 있는 너무 좋은 기회인데 프로젝트를 담당할 직원이 결사적으로 반대하는 데에는 이유가 있지 않겠는가? 나는 진심으로 그 이유가 궁금했다.

　리더로서 당신은 그 직원이 해당 프로젝트에 참여하고 싶지 않은 진짜 이유를 파악해야 한다. 도덕적인 이유로 참여에 반대한다는 그 직원의 이유가 만약 실제 이유가 아니라면? 어쩌면 그 직원이 개인적으로 번아웃 상태인 건 아닐까? 아니면 다른 이유가 있는데 핑계를 대는 걸까? 그의 주장대로 클라이언트에게 심각한 도덕적인 결함이 있는 걸까? 어쩌면 그 프로젝트를 잘 해낼 자신이 없어서 핑계를 대는 것일 수도 있다.

두 사람이 만나 솔직한 이야기를 나누다 보면 해결의 실마리를 찾을 수 있다. 그 직원이 확실한 이유를 대면서 상황을 설명하거나, 설명을 제대로 못하고 우물쭈물할 수도 있다. 아니면 직원이 오해했을 수도 있다. SNS에서 본 가짜 뉴스로 인해 잘못된 신념을 가지게 된 것일 수도 있다. 대화를 통해 예상하지 못한 것을 알게 된다면 그 내용에 대해 진지하게 다시 생각해 봐야 한다.

◆

이제는 당신이 신중하게 결정해야 한다. 별다른 이유를 대지도 못하면서 고집을 바꾸지 않는다면 그를 프로젝트에서 빼고 다른 사람으로 교체하는 것이 좋다. 다행히 자기 생각이 잘못된 것을 알고 프로젝트에 참여해 열심히 일하겠다고 하면 그보다 좋을 수는 없을 것이다.

생각이 다른 사람을 만나 솔직한 대화를 통해 오해를 풀고 새로운 합의에 이르는 그 과정을 나는 즐긴다. 나는 항상 누군가와 대화할

226

때, 최대한 상대방의 의도를 이해하려 노력한다. 만약 그가 오랜 고민 끝에 나름의 선한 생각으로 그런 결론을 내렸다면 회사에서도 개인의 의견과 입장을 최대한 존중해 주어야 한다. 그리고 각자 맡은 일을 성실하게 하고 자기의 역할을 다해 노력하며 공동의 목표를 향해 함께 나아가면 되는 것이다.

Q "그 직원을 프로젝트에서 빼줬는데, 나중에 딴소리를 하고 다닌다면?"

A 그 직원이 빠져 프로젝트가 처음에는 좀 헤맸지만 나름 일이 잘 진행되고 있다. 그런데 프로젝트에서 빠진 그 직원이 진행 중인 일에 문제를 제기하거나 자기 대신 일을 잘하고 있는 직원에 대해 험담을 하고 다니고 있다. 이는 용납할 수 없는 일이다. 프로젝트를 방해하고 회사 분위기를 망치는 걸 그대로 묵과할 수는 없다. 나는 그를 만나서 최대한 담담하고 솔직하게 말할 것이다.

"프로젝트에 참여하지 않겠다고 해서 궁금해 만났을 때 당신은 정당한 이유를 대지 못하고 반대만 했어요. 그 브랜드가 마음에 안 들어도 일은 일이니까 당신이 해줬으면 했는데 끝까지 싫다고 해 어쩔 수 없이 다른 직원에게 업무를 배정했죠. 이제야 겨우 자리를 잡아가는데 이게 무슨 일인가요? 그 직원을 험담하고 프로젝트를 비판하고 팀의 분위기를 흐리고 있네요. 내가 뭔가 오해하고 있는 건지, 당신의 해명을 듣고 싶네요."

일단 그의 솔직한 얘기를 들어보는 것이 중요하다. 실수나 잘못된 행동을 바로잡을 수 있는 기회를 한 번 더 주는 것이다. 그런데도 변명으로 일관하거나 회사에 해를 끼치는 행동이 지속된다면, 그때는 단호한 조치를 취해야 할 것이다.

인생에서 새로운 기회를
만났을 때

당신은 미술 전공으로 얼마 전 대학을 졸업한 청년이다.

장기화되고 있는 코로나 팬데믹으로 인해 기업들은 채용을 줄이거나

신입사원을 거의 뽑지 않아 직장 구하기가 어려워졌다. 취업 준비를

하면서 아르바이트를 시작했는데 이마저도 쉽지 않다.

어느 날 우연히 트위터에서 NFT에 대해 사람들이 주고받는 이야기를

보고 흥미가 생겼다. NFT에 대해 검색해 보고 알아보는 중에

'나도 할 수 있겠네!' 하는 자신감이 생겼다.

이제부터 무엇을 해야 할까?

●

　나는 사회의 흐름 중 혁신에 유독 관심이 많다. 내가 가장 좋아하는 것 중 하나는 과거에 기회를 얻지 못했던 사람들이 새로운 기회를 얻을 수 있는 세상이 왔다는 것이다.

　예를 들어 SNS는 인플루언서를 꿈꾸는 사람들에게 굉장한 기회를 만들어 줬다. 나의 저서《크러쉬 잇! SNS로 열정을 돈으로 바꿔라》를 읽으면 내가 13년 전부터 SNS에 관심을 가지고 이 이야기를 해왔다는 것을 알 수 있다. 사람들은 SNS에서 각양각색의 일로, 예를 들어 스트레칭 전문가로, 먹방으로, 혹은 인터넷 셰프로 팔로워 수를 늘리며 억대 수입을 올리고 있다.

　당시에 사람들은 취미가 발판이 된 약간의 전문성으로 이렇게 유명해지고 돈을 벌 수 있는 세상이 올 거라고는 상상도 하지 못했다. 자신이 좋아하는 일에만 집중해도 돈을 벌 수 있다는 나의 예측이 맞아 떨어진 것이다.

　이 시나리오에서 나는《크러쉬 잇!》에 쓴 내용을 다시 반복해서 알려줄 것이다. SNS가 인플루언서들을 위해 굉장한 기회를 만들어 준 것처럼, NFT는 다방면의 예술가들을 위한 엄청난 기회의 장이 될 것이다.

◆

             이 시나리오에서 당신은 젊음의 패기랄까 야망을 건드려야 한다. 뱅크시나 미켈란젤로가 되고 싶었던 10대 때의 마음을 떠올리고 그 당시의 야망을 다시 찾아야 한다.

    예술가라면 더욱 공감할 것이다. 하기 싫은 일을 하면서 연봉 1억 원을 받는 길과 예술가로 활동하며 연 5,000만 원을 벌 수 있다면 어떤 선택을 하겠는가? 30대가 코앞으로 다가왔고 룸메이트와 함께 아주 작은 집에 살아도 예술에 대한 확신을 가지고 계속 그렇게 살 결심이 섰는가? 아니면 매일 사무실에 출근해 로고나 일러스트 작업을 하며 살겠는가?

    앞으로 우리가 만나게 될 NFT의 세상은 수백만 명의 예술가들에게 커다란 활동무대를 만들어 줄 것이다. 전혀 새로운 곳에서 자신의 재능과 열정으로 돈을 벌 수 있는 선택지가 생긴 것이다.

    지금 예술가로서 억대 연봉을 버는 사람보다 2031년 NFT 세상에서 억대 연봉을 버는 예술가들이 몇 배나 더 많아질 것이다. 지금 광고회사나 뮤지컬 업계에서 일하며 연봉 1억 원을 벌고 있는 예술가들이라면 앞으로는 자신이 좋아하는 일을 하며 그 이상을 벌 수 있는 사람들이 훨씬 더 많아질 것이다. 설령 수입이 반으로 준다고 해도 더 행복한 사람들이 많아질 것이다.

◆

　　　기술의 발전은 우리가 상상도 못했고 또 지금까지 보지 못했던 새로운 기회들을 만들어 우리 앞에 대령하고 있다. 그러니 지금 세상에서는 끈기가 무엇보다 중요하다. 어느 누구도 자신의 꿈을 쉽게 포기하지 않았으면 좋겠다.

　　'당신이 하라는 대로 했는데 실패했습니다. 이제 뭘 어떻게 해야 할까요?'

　　첫 NFT 프로젝트를 발행하느라 가지고 있는 돈을 모두 썼는데 안 팔렸다고 내게 항의 메일을 보내는 아티스트도 분명 있을 것이다. 이 때도 여전히 내가 하고 싶은 말은 단 한 마디다.

　　'끈기를 가지고 계속 도전하세요!'

　　예술가로 살아가고 싶은데 한 번의 실패로 포기한다면 예술가의 자존심과는 아주 거리가 멀다고 생각한다. 평생 그림을 그리며 살고 싶다면 자신을 믿고 계속 도전해야 한다.

　　나는 예술가들이 자부심만큼 인내심을 가졌으면 좋겠다. 그리고 나이를 너무 의식하지 말고 장기적인 비전으로 자신의 예술을 계속했으면 좋겠다. 그림을 그릴 때 제일 행복한 화가들이 앞으로 자신의 그림을 통해 세상의 부귀영화도 누릴 수 있을 거라고 믿는다.

Scenario 30

안정적인 직장인인데,
계속 창업이 떠오를 때

◇

당신은 지난 7년간 성실히 일해 좋은 성과를 내고 있는
보험회사의 마케팅 부장이다. 나이는 47세다.
5년 전 게리 바이너척을 접하고, SNS를 통해 네트워크를
키우고 있는 중이다. 지금은 억대 연봉을 벌고 있고,
일과 삶의 균형이 완벽하다고 느끼고 있다.
그런데 매일 밤 '더 늦기 전에 사업을 하면 어떨까?'라는 생각에
잠을 설친다. 여차하면 당신을 따라 회사를 그만두고 함께
일하겠다는 직원들도 몇 명 있다. 어떻게 해야 할까?

●

이 시나리오에서 당신의 가장 큰 장점은 당신에게 선택권이 있다는 것이다. 이런 선택권을 가진 사람은 현실에서 아주 드문 케이스이다.

나는 열심히 일해 안정적인 위치를 점한 사람들이 인생에서 더 큰 성과를 이루고 싶은 욕심을 왜 내지 않는지 이해가 잘 안 된다. 욕심은 있는데 도전하지 않는 것도 마찬가지다.

만약 퇴사하고 사업을 시작했다가 2년도 안 돼 실패하면 (흔한 일이다) 더 화려해진 이력서를 안고 취업시장에 들어가면 된다고 나는 생각한다. 당신은 창업 경험까지 있는 인재가 될 것이고, 시간이 지날수록 그 경험은 가치를 발할 것이다.

나는 이 시나리오와 같은 상황에서의 도전이라면 실패는 없을 것이라고 생각한다. 그동안 그렇게 열심히 일했으니 1~2년 수입이 중단된다고 해서 극심한 생활고에 빠질 염려는 없지 않겠는가. 물론 말처럼 쉬운 일은 아니다. 다만 꿈의 도전을 해보고 만약 당신이 사업가 체질이 아니란 걸 확인하게 되면 그때 정리해도 늦지 않다는 게 내 생각이다.

앞으로 살아갈 30, 40년 후를 생각해 보면 결과는 자명하다. 꿈을 실행해 보지 않았다는 후회가, 퇴사 후 사업을 시작해 실패한 아픔보다 분명 더 크게 다가올 것이다.

◆

이 시나리오를 읽으면서 뭔가 짜릿한 반응이 느껴
진다면, 자신이 한창 청춘이었던 때를 생각해 보라. 거절당할까봐 아
예 고백조차 하지 않았던 어떤 사람을…. 대부분 후회의 경험이 있을
것이다. 지금 생각하면, 고백하지 않은 게 후회스러운데 그때는 무엇
이 그토록 두려웠던 걸까! 아예 시도조차 하지 않았다는 후회가 가장
큰 고통이 아닐지.

자신이 좋아하는 것과 꿈에 대한 확신을 가지고 새로운 일에 도전
해 보자. 끈기도 필수불가결한 요소이다.

당신의 인생을 바꿔 줄 35가지 조언

갑작스런 사고로
위기가 왔을 때

◇

당신은 은행에서 대출받아 회사를 창업한 중소기업 사장이다.

10년이나 걸렸지만 드디어 대출을 다 갚았다.

사업도 탄탄대로여서 가족을 위해 더 넓은 아파트로 이사도

할 수 있었다. 그런데 최근 갑작스러운 화재로

회사 건물이 완전히 소실되었다.

어떻게 해야 할까?

●

　회사 건물이 없어졌는데 좀 태평스럽게 들릴지도 모르겠지만, 나라면 이때 가장 먼저 나 자신에게 시간을 주고 싶다. 그동안 너무 바쁘게 지내온 나에겐 숨 쉴 시간이 필요하기 때문이다.

　물론 감사함도 가질 것이다. 나와 우리 직원들이 다치지 않은 것에 만족하고 감사할 것이다. 갑작스러운 사고는 내가 통제할 수 없는 영역이고, 어떤 상황이든 간에 내가 할 수 있는 일은 아무것도 없지 않은가!

　설령 다시 재기하지 못한다 하더라도 두려울 건 없다. 맨손으로 여기까지 왔는데, 나는 저 밑바닥부터 다시 시작할 수 있다고 되새겨본다. 그다음 필요한 질문은 이거다.

　'내가 이제부터 무엇을 할 수 있을까?'

　어쩌면 내가 일어서는 과정을 하루하루 기록해 유튜브에 올릴 수도 있을 것이다. 영상 링크를 지역 언론사 기자나 관심 가질 법한 사람들에게 보내는 건 어떨까?

　한 명이 관심을 보이는 걸 시작으로 운이 좋으면 확대될 수도 있다. 전국적으로 이슈가 된다면 새로운 기회를 얻게 될 수도 있다.

　내 말은 할 수 있는 한 최선을 다하자는 것이다.

Scenario 32

상사가 내 가치를
인정해 주지 않을 때

◇

당신은 더 높이 날아오르고 싶지만,

실력을 발휘할 수 있는 프로젝트를 배정받지 못하고 있다.

동료 중 몇 명만 계속 기회를 얻고 있고,

상사는 그들에게만 관심이 있는 것 같다.

어떻게 해야 할까?

●

　상사와 면담을 요청하기 전에, 마음을 가다듬어 보자. 그래야만 건강하고 생산적인 대화가 가능하다.

　나라면 원망보다 긍정적인 마음을 가질 것이다. 요즘은 직장이 있는 것만 해도 부러움의 대상이 된다. 너무나 많은 이들이 직장을 잃었고, 또 다니던 일터가 문을 닫으면서 실의에 빠져 있다. 그런 면에서 당신은 운이 좋은 사람이다. 직장이 있으므로 상사와의 갈등도 있는 것이고, 앞으로 충분히 발전할 수 있는 기회도 있다.

　이때 다음과 같은 생각은 전혀 도움이 안 된다.

　'저 상사는 또 자기가 좋아하는 사람들만 골라 기회를 주네.'

　'진짜 인재를 못 알아보네.'

　누군가와 대화를 할 때 이와 같은 생각으로 불신을 가득 안고 자리에 앉는다면 결과는 불을 보듯 뻔하다. 아무리 둔감한 사람이라도 자신을 경계하는 상대의 기운은 느낄 수 있다. 더구나 감성지능이 높은 사람이라면 더더욱이다.

◆

　　　상사와 면담을 하기 전에 그것이 무리한 것은 아닌지 스스로 생각해 보는 시간을 가지면 좋다. 옳다는 확신이 들면 더 당당하고 자연스럽게 이야기할 수 있을 것이다. 그렇더라도 겸손한 자세는 잊지 말아야 한다.

오늘날 세상에는 너무 많은 사람들이 무언가를 받는 것을 당연하게 여긴다. 학교 졸업 후 우리 회사에 처음 취직하여 6개월을 근무한 22세의 직원이 나를 찾아와 다짜고짜 승진을 요청한 일도 있었다. 클라이언트가 결과물에 불만이 커서 재계약이 이루어지지 않았음에도 한 담당자는 나를 찾아와 더 중요한 프로젝트를 맡겨달라고 요청한 적도 있다. 그들의 태도가 거침없고 당당해서 나는 깜짝 놀랐다.

이럴 때 '겸손함'과 자기를 잘 아는 '자기인식'은 아주 중요한 필터 역할을 한다. 정확히 당신이 원하는 것은 무엇이며, 당신의 업무 성과와 결과는 그 요청을 뒷받침해 줄 정도로 뛰어난지 확인해야 한다. 자신을 아는 겸손함, 감사함, 그리고 긍정적인 마음을 담아 상사에게 이렇게 말해 보자.

"지금 우리 회사에 새로운 프로젝트가 많이 진행되고 있어서 저도 기대가 큽니다. 뛰어난 인재들이 많아서 든든하고요. 그런데 최근에 보면 새로운 프로젝트가 한 동료에게만 집중해 주어지는 것 같아서 저도 잘할 수 있다는 말씀을 드리려고 찾아왔습니다. 저를 기억해 주십시오. 정말 잘할 자신이 있습니다."

Scenario
33

신입사원이
큰 실수를 했을 때

당신은 회사를 운영하는 CEO로서 고객들에게 선보일
새로운 제품을 준비하고 있다. 몇 주 후면 출시 예정이고,
고객들에게 알릴 이메일 뉴스레터도 준비했다.
그런데 신입사원 한 명이 제품 출시 일주일 전에
실수로 그 이메일을 발송해 버렸다.
어떻게 해야 할까?

●

    직원이 보고하러 오기 전에 나는 속으로 비명을 질렀을 것이다. 어쩌면 그 소리가 새어 나갔을지도 모른다.

    굉장히 어려운 시나리오다. 나는 평소 이미 일어난 대부분의 문제를 심각하게 생각하지 않고 가볍게 받아들이려 노력하는 편이지만, 이런 실수는 굉장히 뼈아플 수밖에 없다. 신제품을 처음 소개하는 기회는 한 번밖에 없는데 소중한 기회를 날려버린 거나 마찬가지기 때문이다.

    사업을 하다 보면 이렇게 어이없는 실수를 종종 접한다. 무작정 뛰쳐나가 달리기를 하든 벽을 주먹으로 치든 미칠 것 같은 순간을 넘기고 나면 허탈하기 짝이 없다.

    이제 상황을 차분히 돌아봐야 한다. 실수한 그 직원을 채용한 사람은 바로 나다! 그러니 그 실수의 원인은 나한테 있다. 결국은 내가 책임져야 할 문제다. 어떻게 남 탓을 할 수 있겠는가.

    그 직원이 속한 팀에 비판적인 피드백을 주고 싶은 마음도 있지만 참아야 한다. 아마 그 직원은 잘릴지도 모른다는 두려움에 떨고 있을 것이다.

◆

　　　　　　이때는 공감능력을 최대한 활용해야 한다. 그 직원이 사무실에 들어오는 순간 혹은 화상회의로 얼굴을 마주하는 순간, 웃으며 안심시킨다.

"걱정 많이 했죠? 괜찮아요."

"다 네 잘못이야!"라고 고래고래 소리 지른다면 그와 그가 속한 팀은 두려움에 정신을 못 차릴 것이다. 실수를 저지른 신입사원에게 모든 화살이 돌아갈지도 모른다. 조직의 분열이 시작되며 업무는 뒷전이 된다. 회사의 전체 분위기도 엉망이 되어 자신감과 의욕은 실종되고 직원들은 침체에 빠진다.

사람들은 안전하다고 느낄 때 의욕이 솟고 적극적으로 일에 임하게 된다. 그리고 이런 적극성은 성장으로 연결된다. 직원들을 최대한 다독거려 모두 함께 조심하는 것으로 다짐하고 상황이 일단락되면 다음 질문으로 넘어간다.

'어떻게 하면 이 일을 통해 좋은 결과를 만들어 낼 수 있을까?'

먼저 감사한 마음을 가져야 한다. 막상 시간이 지나면 그 사건은 대단한 게 아니라는 사실을 알게 되고, '모든 것은 지나간다'는 명언을 다시 한번 가슴에 새기게 될 것이다.

심지어는 실수한 신입사원과 나누는 장난스러운 대화를 촬영해 고객들에게 전송할 수도 있다.

243

"저희 신입사원인데요. 아이고 성격도 급하지, 이메일 '전송' 버튼을 잘못 눌렀대요. 정말 죄송한데 제품은 아직 준비 중이에요. 다음 주에 공식 발표를 할 예정이고, 그때 특별할인코드 '신입사원 실수'를 입력하시면 할인을 받으실 수 있어요."

정신만 차리면 최악의 상황에서도 반전 결과를 만들어 낼 기회는 얼마든지 있다.

Scenario 34

남편이 야망이 없다고
느껴질 때

지난 3년간 당신은 남편과 함께 취미였던 미술을 기반으로
온라인 미술 수업을 사업으로 키웠다. 인스타그램, 틱톡, 유튜브 등에
콘텐츠를 꾸준히 올려, 연 매출 3억 원을 넘겼다. 남편과는 서로
부족한 부분을 채워주며 안정적인 관계를 유지하고 있다.
문제는 남편은 현재 생활에 만족하고 있는데, 당신은 지금의 사업을
키워 수십억 원대의 매출을 올리는 기업으로 만들고 싶은
야망이 있다. 어떻게 해야 할까?

●

    나는 주변에서 동업자 혹은 파트너와 의견이 맞지 않아 삐걱대다 갈등에 빠진 사람들을 많이 봤다. 이는 부부나 연인 사이의 동업 관계라 해도 별로 다를 바 없다.

    이 시나리오에서 당신의 남편은 야망이 없고 소박한 행복을 꿈꾸는 사람이다. 지금까지 열심히 일했으니 조금 여유 있게 가족과 편하게 살고 싶다는 것이다. 그는 현재의 수입에 충분히 만족하고 있다.

    "아이들과 디즈니랜드에도 놀러 가고, 가끔 시설 좋은 호텔에서 호캉스를 즐길 수 있으면 만족해."

    남편의 이야기를 들으면 답답해서 속이 터진다. 둘이 결혼해 아무것도 없는 상태에서 현재에 이르렀다. 그림 그리는 취미를 발전시켜 온라인 미술 수업으로 자리 잡기까지 고생도 많았다. 조금만 더 노력하면 수입이 열 배는 늘 텐데 남편은 왜 저 모양인지….

    물론 남편과 함께 지금까지 해온 일들을 생각하면 감사할 수밖에 없다. 연 매출 3억이 어디 쉬운 일인가? 남편이 없었다면 이루기 어려웠을 것이다.

◆

              남편이 현재의 매출에 만족하는 것도 지극히 자연

스러운 일이고, 당신이 열 배 넘게 벌고 싶은 욕심도 문제없다. 당신의 목표와 행복을 타협할 필요도 없고, 남편에게도 생각을 바꾸라고 강요할 이유도 없다. 함께 새로운 미래 구조를 만들면 되는 것이다.

　1) 남편의 일을 대신할 수 있는 직원을 고용하고
　2) 남편이 업무 외에 도움을 줄 수 있는 것을 찾아보자.

　1번은 쉽다. 남편이 지금까지 해온 일이 무엇인지 정리해 그 일을 대신할 직원을 채용하면 된다. 그렇게 되면 남편은 자신이 원하는 휴식을 얻을 수 있다.

　처음에는 해결책을 찾은 것 같아 마음이 편할 것이다. 하지만 몇 개월 후 아이들을 재우고 다음 날 온라인 수업을 준비하고 있는데, 남편은 TV를 보거나 게임을 하고 있으면 목을 조르고 싶은 기분이 순간 들 수도 있다. 그때는 잠시 마음속 스위치를 꺼야 한다.

　그럼, 업무가 아닌 다른 부분에서 성실하고 도움이 되는 남편의 역할을 생각해 보자. 집안일을 도와주고 있는가? 당신이 온라인 수업을 하는 동안 아이들을 학교에서 데려오는 건 그의 몫인가? 당신이 회사를 운영하느라 바쁠 때 아이들의 숙제는 누가 봐주고 있는가?

　회사 일은 당신이 혼자 하는 것 같아도, 남편은 자기방식대로 참여하고 있다. 자기 역할을 말없이 수행하며 당신과 온 가족을 돕고 있는 것이다.

247

당신의 인생을 바꿔 줄 35가지 조언

Scenario 35

15살인데, 학교 공부보다 장사가 더 재미있을 때

당신의 아들이 15세 학생인데, 중고물품 판매를 하며 한 달에
100만 원씩 벌고 있다. 학교에서는 좋은 성적을 내내 유지했는데,
최근에 조금씩 떨어지기 시작했다. 체대 입학을 위해 열심히
준비하던 운동도 시들하고, 밤늦게까지 잠도 못 잘 만큼
장사 재미에 푹 빠져 있다. 공부와 운동, 심지어 컴퓨터 게임보다
장사하는 것이 더 재미있어 보인다.
어떻게 해야 할까?

●

이 시나리오는 특히 나에게는 너무 흥미진진하다.

실제로 자신이 지금 미래를 망치고 있는 건 아닌지 걱정하는 어린 친구들이 나에게 연락을 많이 해온다. 이 시나리오처럼 장사 재미에 빠져 공부를 등한시하는 학생 정도는 애교에 속한다.

중고등학교에 다닐 때 미래의 직업과 꿈을 정해야 한다는 생각은 사실 강박관념에 가까울 때가 많다. 주로 가정환경에 따라 결정되는 경우가 많은데, 건강한 경우도 있고 그렇지 못한 경우도 많다. 어떤 부모는 자신의 자녀를 '내 하버드 딸' 혹은 '내 올림픽 메달리스트 아들'이라고 부른다.

부모의 직업에 따라 자녀에게 기대하는 것도 조금씩 다르다. 부모가 사업가라면 자녀가 장사를 하겠다 해도 반대하지 않고 대부분 허용하는 편이다. 그런데 부모가 교수나 대기업 임원일 경우 장사를 환영하지 않는 분위기가 더 많다.

◆

나라면 중고물품 장사에 푹 빠진 15세 소년에게 이렇게 말할 것이다.

"장사에 푹 빠져도 괜찮아. 네가 사업가적인 기질을 타고난 걸 수도 있어. 그런데 부모님은 어떻게 생각하고 계셔?

예를 들어 부모님이 너에게 '네가 버는 돈은 우리가 줄 테니 장사 그만하고 공부해!'라고 할 수 있어. 부모님은 네가 장사보다는 공부해서 좋은 대학에 가길 원하시는 거지.

물론 지금 실전 경험을 쌓는 것이 공부보다 더 중요할 수 있어. 장사가 그렇게 재미있다면, 나는 장사로 성공할 사람이 될 거라는 확신을 가지는 것도 좋지. 성적이 좀 떨어지면 어때!

그런데 내년에 갑자기 장사가 시들해질 수도 있어. 그렇게 되면 지금 떨어진 성적을 내년에 더 열심히 공부해서 올려야 해. 자신감이 필요하지. 둘 중 하나를 꼭 선택해야 한다는 마음은 내려놓는 게 좋아! 성적과 장사 둘 중 하나를 지금 꼭 선택할 필요는 없어.

가까운 예를 하나 들어볼게. 내 이야기야. 나는 20대, 30대까지만 해도 몸이 왜소하고 약했지만 7년 동안 개인 트레이너와 함께 운동하면서 지금의 몸을 가지게 되었어. 회사 일이 정말로 바빴지만 시간을 쪼개어 열심히 운동을 해서 드디어 남들을 따라잡을 수 있게 된 거지. 중요한 건 사람들이 선택을 두려워한다는 사실이야. 둘 중 하나를 선택하는 것도 어렵고, 어떤 건 선택 자체가 어려워.

부모님과 친구들이 학교 성적이나 운동 실력이 떨어졌다고 걱정해도 너무 상심할 필요 없어. 너의 선택을 믿고 앞으로 나가면 돼. 장사를 선택한 건 너였고, 공부나 운동을 잠시 놓아도 괜찮다고 결정한 것도 너였어. 그 선택 때문에 원하는 대학에 가지 못하고 운동선수 생활을 못 한다 해도, 너는 시간낭비를 한 게 아니야. 실패도 아니야!

2년 후 목표가 지금의 목표와 다를 수도 있겠지만, 네가 경험하고 배운 것들이 인생에서 얼마나 중요한지 깨닫게 될 거야. 장사하느라 학교 성적이 떨어진 게 조금 신경은 쓰이겠지만 괜찮아. 10년 후 취업을 하거나 진짜 사업을 하게 될 때 지금 경험한 것들이 큰 도움이 될 거야. 자신을 믿고 인내심을 가져.

인생은 장기전이야. 인생을 100일 단위로 보지 말고 100년 단위로 바라봐야 해."

지금까지 부와 성공을 부르는 12가지 원칙과 이를 일상 속에서 벌어지는 다양한 시나리오에 어떻게 적용할지 알아봤다.

친절한 솔직함, 감사함, 자기인식, 책임감, 긍정, 공감, 친절함, 끈기, 호기심, 인내심, 확신, 겸손, 그리고 야망을 자신만의 방식으로 연구하고 적용하면 일과 사람과의 관계에서 마찰이 줄어들 것이다. 직장 동료들은 당신을 믿고, 공동의 목표를 향한 일의 속도도 빨라질 것이다. 매일 오전 9시부터 오후 6시까지 8시간을 다 채워 일할 필요가 없을지도 모른다.

이 원칙들이 조직 내에 자리를 잡으면, 팀원들은 7분짜리 미팅에 30분을 낭비할 필요가 없다. 불안한 마음에 다른 직원들을 계속 호출하지 않으며, 회의에 꼭 필요한 사람들만 참석해 일의 효율성은 배가될 것이다. 서로를 신뢰하니 팀원들 모두 자기 일에 집중하게 되어 프로젝트는 빠르고 완벽하게 완성될 확률이 높다.

자신의 행동에 대한 책임을 지게 되면 잘못된 비즈니스 결정에 대해 다른 사람을 비난하며 낭비하는 시간을 건너뛸 수 있다. 자기인식을 잘 활용하면 나의 단점에 연연하지 않고 장점에 집중할 수 있다. 감사함을 실천함으로써 실수를 되새기는 시간을 줄일 수 있다. 공감과 친절함 그리고 겸손함의 연합으로, 불안한 영혼들이 당신을 끌어내리려 할 때 당황하지 않을 수 있다. 모든 일에 긍정적이고 호기심과 인내심이 많으면 신뢰를 기반으로 조직을 이끌고 성장·발전시킬 수 있다. '친절한 솔직함'으로는 오해와 불신이 생기기 전에 투명하게 피드백을 주고받을 수 있다.

이 모든 요소는 당신이 성장을 위해 앞으로 나아갈 때, 확신을 가지고 끈기 있게 행동할 수 있도록 도와줄 것이다.

재미있는 것은, 일이 너무 즐거워서 누가 시킨 것도 아닌데 저녁 8시에도 일하는 자신을 발견할지도 모른다는 사실이다. 확신을 얻게 되면 일과 삶의 속도가 빨라진다. 12가지 원칙들을 적절하게 활용하면 두려움 없이 나아갈 수 있다.

직원이 옆에서 나의 원고 Part 1을 읽을 때 더욱 확신이 들었다. 12가지 원칙은 사업뿐만 아니라 인생에도 꼭 필요한 핵심적인 요소이다. 하나하나 따로 존재하지만 유기적으로 연결되어 더 큰 활약을 펼칠 수 있다.

Part 2에 정리한 시나리오들은 우리 각자의 현실과 장면에 어떻게 활용하면 좋을지 구체적인 지침을 담고 있다. 당신의 요리를 성공적으로 완성시켜 줄 싱싱한 재료들이다. 이제 당신이 요리할 차례다.

나는 이 원칙들 중에서 끈기가 가장 갖기 쉬운 것이라고 막연히 생각해 왔다. 공감능력을 키우거나, 마음 깊이 겸손해지거나, 자기인식이 강해지는 것은 쉽지 않다고 생각했다. 12가지 원칙 중에서 끝까지 어색하고 자연스럽게 받아들여지지 않는 요소가 있다면 어쩌면 그게 나에게 가장 필요한 요소가 아닐까?

나의 경우 남에게 싫은 말을 못하는 나의 화법에 문제가 있다는 걸 뒤늦게 알고 큰 충격에 휩싸였다. 이를 고치기 위해 오래도록 씨름했던 나의 반쪽인 '친절한 솔직함'은 40대가 돼서야 조금 익숙해졌다.

원하는 것을 얻기 위해 인내심과 끈기에만 집착하면 피로와 번아웃으로 역효과를 낳을 수 있다. 이때 자기인식과 확신이 결합하면 훨씬 좋은 결과를 얻을 수 있다.

마지막으로 여러분께 묻고 싶은 것이 하나 있다.
'당신은 불안한 사람인가?'
'불안'을 키워드로 꺼내는 건 사람들이 사실 불안 때문에 자신감이 떨어지고, 불안 때문에 타인의 공격을 받는 상황이 너무 많기 때문이다. 어떤 조직이나 사회의 희생양도 살펴보면 불안한 사람들이 많다. 이럴 때 12가지의 원칙들을 멋지게 적용해서 불안을 멀리 쫓아버리고 당당한 주인공으로 살기 바란다.

이 책을 읽고 있는 사람들 중에는 사업가를 희망하는 이도 있을 것이고, 실력을 인정받아 승진을 꿈꾸는 직장인, 다시 세상으로 나아가고자 하는 가정주부, 또 대중에게 영향력을 끼치는 인플루언서를 꿈꾸는 이들도 있을 것이다.

누군가는 오늘 불안에 떠는 자신을 마주하고 내일 조금 더 겸손한 모습으로 사무실에 출근할 수 있다. 또 어떤 사람은 아무것도 이룬 것 없이 평생 불평만 해왔다는 사실을 깨닫고 당황하고 있을 수 있다. 있는 그대로의 자신을 받아들이고 12와 1/2의 원칙과 함께 한 걸음 앞으로 나아가라. 발걸음은 경쾌할수록 좋다.

세상에는 다양한 형태의 성공이 있다. 그중 최고의 성공은 마음의 평화라고 생각한다. 이 책이 여러분을 그곳으로 인도하는 데 작으나마 도움이 되길 바란다.

게리 바이너척

당신의 인생을 바꿔 줄 35가지 조언

12 1/2 : 부와 성공을 부르는 12가지 원칙

초판 1쇄 발행 · 2022년 2월 20일
초판 6쇄 발행 · 2023년 7월 30일

지은이 · 게리 바이너척
옮긴이 · 우태영
펴낸이 · 우태영
펴낸곳 · 블루북스미디어
등 록 · 2017년 12월 27일 제409-251002017000100호

주소 · 경기도 김포시 김포한강11로 288-37
전화 · 0507-0177-7438 | **팩스** · 050-4022-0784

마케팅 · 백지수
유통 · 천그루숲

ISBN 979-11-92227-48-1 (13320) 종이책
ISBN 979-11-92227-49-8 (15320) 전자책

ⓒ Gary Vaynerchuk, 2021
이 책의 한국어판 저작권은 EYA(Eric Yang Agency)를 통한 HarperCollins Publishers 사와의 독점계약으로
'블루북스미디어'가 소유합니다. 저작권법에 의하여 한국 내에서 보호를 받는 저작물이므로 무단전재 및
복제를 금합니다.

• 책값은 뒤표지에 있습니다.
• 잘못 만들어진 책은 구입하신 서점에서 교환해 드립니다.